우리에겐
존중이
필요해

# 우리에겐
# 존중이
# 필요해

냉담의 시대,
쿨함의 가면을 쓴
사람들

라인하르트 할러 지음
이덕임 옮김

Das Wunder der Wertschätzung

온워드

일러두기

1   원제에도 쓰인 'Wertschätzung'은 모두 '존중'으로 번역했다.
2   미주는 원서의 주이다.
3   본문에 나오는 책이 국내에서 출간된 경우 국역본 제목을 따랐고, 출간되지 않은 경우 번역 제목과 함께 원제를 밝혔다.
4   책은 『 』, 잡지·신문은 《 》, 그 외 드라마·논문 등은 〈 〉로 표기했다.

# 들어가는 글

우리는 존중의 표현으로 칭찬과 감사의 인사를 받을 때 얼마나 기분이 좋아지는지 경험을 통해 잘 알고 있다. 그러나 지난 수십 년간 존중의 가치는 가파른 내리막길에 들어서고 있다. 사람들이 서로를 대하는 태도는 불친절하고 거칠어졌고, 모욕과 폭로가 일상이 되었다. 관용과 연대는 더 이상 견고한 사회적 가치가 아니다. 이러한 현상은 우리 사회가 성과와 이익으로 우리를 짓누르고 지나치게 개인성을 강조해 나타난 결과다. 무엇보다도 심각한 점은 삶의 거의 모든 영역이 디지털화되어 전 세계적으로 개인의 익명성이 확대되면서 상황을 점차 악화시키고 있다는 것이다. 하지만 최근 이러한 흐름이 서서히 바뀌고 있고 존중에 대한 갈망이 커지고 있다는 것을 느낄 수 있다.

나는 수년간 심리 치료와 범죄 심리학 분야에서 일하면서 모욕이나 존중의 결여가 우리에게 어떤 상흔을 남기는지 지켜봐왔다. 그 때문에 이러한 새로운 흐름을 지지하고 싶다. 질병이나 악에 관한 수많은 책이 범람하는 이 시대에 존중이 새롭게 그 가치를 인정받는 데 이 책이 조금이나마 도움이 되길 바란다. 존중의 가치를 위해 우리에게 필요한 것은 훌륭한 치료법이나 정교한 이론적 개념이 아니다. 우리는 모두 우리가 위기에 처해 있다는 사실을 잘 알고 있다. 이 책과 함께 나는 존중의 가치가 새롭게 꽃피는 길을 독자 여러분들과 같이 걷고 싶다. 이 동행의 가장 좋은 점은 이를 통해 제일 많은 이득을 얻는 사람이 바로 독자 여러분이라는 것이다.

라인하르트 할러

차례

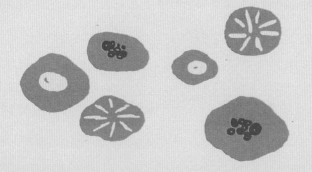

# 1장

# 우리가 사는
# 냉담의 시대

"'우리가 모든 사람을
도울 수는 없지요.'
속 좁은 사람은 이렇게 말하고선
누구도 돕지 않는다."

마리 폰 에브너에셴바흐
Marie von Ebner-Eschenbach

존중의 가치를 가로막는 이상한 풍조가 우리 사회에 자리 잡고 있다. 냉담과 경멸, 날 선 비판과 냉소주의, 타인을 깎아내리는 언어가 이 시대의 주류가 되어가고 있다. 스캔들 보도가 늘어나고, 가짜 뉴스는 확산 일로이며, 온갖 혐오 게시물들이 인터넷 환경을 오염시키고 있다. 언어가 과격해지면서 과거의 불쌍한 '피해자'는 이제 '너 같은 피해자'로 바뀌어 욕설로 탈바꿈한다. 비주류는 차별을 받고 남과 다르게 생각하는 이들은 조롱당하며 약자들은 경멸당한다. 냉정함은 '핫한' 태도이고, 냉철함은 추구해야 할 사고방식이며, 자기중심주의는 사회적 이상으로 받아들여지고 있다. 사람들은 감정 표현을 점점 더 꺼리고 억제한다. 진실하고 따뜻한 감정 표현은 오간 데 없고 인위적인 도구에 집착한다. 인간의 세밀한 감정 표현은 사라지고, 그마저도 어느새 표준화된 디지털 상품으로 대체되어버렸다. 진솔한 미소 대신 스마일 아이콘을, 깊은 감정의 표현 대신 이모티콘을 사용한다.

흔히 오늘날을 냉담의 시대라고 하지만 인간은 여전히 사랑과 칭찬이 필요하다. 선의를 추구하고자 하는 갈망과 샘솟는 감정 표현에 대한 목마름이 어느 때보다 절실하다. 위기와 스트레스에 대처하기 위해 인간은 스스로 자신의 감정을 다스리고 자신감을 쌓는 자기 강화가 필요하다. 예나 지금이나 인간은 사랑과 인정을 받고 싶은 갈망, 동정심과 연민을 구하는 욕구 그리고 사랑의 상실에 대한 두려움을 갖고 있다. 이것이 오늘날 우리에게 여전히, 아니 더욱더 존중이 필요한 이유다.

## 우리를
## 병들게 하는 것

존중 결핍의 문제는 단지 자기 가치를 의심하고 심리적인 안정감이 낮아지는 것에만 있는 게 아니다. 이는 심리적인 문제를 일으켜 관계의 어려움을 느끼게 하며 공격 성향을 증폭시킨다. 온갖 종류의 신경성·심인성 질환은 존중의 결핍과 연결되어 있다. 부부 관계나 가족, 사업 관계나 직장 또는 정치 세계에서 발생하는 여러 갈등도 존중의 결핍에서 비롯된다. 자살이나 가정 폭력에서부터 테러 범죄에 이르기까지 자기 공격 성향을 포함한 광범위한 형태의 공격 행동들 역시 존중의 문제에서 비롯된다는 것을 알아야 한다.

2018년 3월에 세상을 떠난 영국의 천체물리학자 스티븐 호킹Stephen Hawking은 우리에게 이렇게 경고했다. 인류의 생존 여부는 공감 능력이 우리를 구원할 수 있을지에 달려 있다. 컴퓨터와 인공지능 로봇은 이미 벌써, 혹은 가까운 미래에 모든 일을 인간보다 더 잘 해낼 수 있을 것이다. 하지만 그들이 인간의 감정을 갖고 타인과 공감하는 능력을 갖게 되는 일은 결코 없을 것이다. 이 점이 바로 인간을 인간답게 하는 것이며, 인간만의 탁월함이다. 이 위대한 과학자의 말이 옳다면 존중의 가치를 발전시키는 것은 개인뿐 아니라 전 인류 공동체에게 이득이 되는 것이다.

존중이 결핍된 사람은 자존감이 낮아지기 때문에 '장님 나라의 외눈박이 왕' 심리로 타인을 비하하는 전략을 사용하게 된다. 다른 사람들을 무시하거나 존중하지 않음으로써 자신을 돋보이게 하는 방법이다. 존중이 없는 문화에서 자애로운 상호작용을 발전시키는 것은 거의 불가능하다. 그렇다고 타인을 비판하지 말라는 것은 아니다. 중요한 것은 그것이 얼마나 건설적인가 하는 것이다. 긍정적 비판은 매우 소중하지만 파괴적인 비판은 그렇지 않다.

# 끓어오르는
# 존중 요구

존중의 가치가 실현되는 환경은 한 개인의 건강한 자존감을
위한 전제 조건이다. 반대로, 안정적인 자존감을 가진 사람만이
주변 사람이나 환경에 대한 가치를 인식할 수 있다. 존중은 타인
에게만큼 나 자신에게도 필요한 것이다. 그것이 없다면 나도 당
신도 고통받게 된다. 존중을 바탕으로 한 상호작용은 오늘날 흔히
우리가 말하는 서로 '윈윈win-win'하는 결과를 불러온다.

최근 사람들 간의 대화나 여론 조사에서 좋은 소식과 긍정적
인 메시지를 갈망하는 분위기를 느낄 수 있다. 우리는 되도록 선
하고 아름다운 것, 존중과 사랑이 담긴 소식을 접하길 바란다. 전
쟁 보도와 재난 보도, 스캔들과 가짜 뉴스, 날 선 비난과 공공연한
낙인찍기 그리고 인간과 자연에 얽힌 부패 등에 사람들이 진저리
를 내는 것은 어쩌면 당연한 사실이다. 사람들은 이제 다시 존중
을 원하고, 필요로 한다.

> 적절한 존중은 주변 사람과의 관계를 굳건하게 만들고,
> 무엇보다도 자신을 강하게 만들어준다.

존중에 대한 대중의 요구에 정치적인 차원으로 응답한 사례
가 있다. 이탈리아 루차라Luzzara시의 시장 안드레아 코스타Andrea

Costa는 자신의 자치령 내에서 '사악함을 금지'하는 법령을 발표했다. 언어 폭력이나 무자비한 행동, 정치적 공격성을 정당화하고 존중을 깎아내리는 행동에 대항하고자 하는 이 법령은 수천만 시민들의 열렬한 지지를 받았다.

# 이 책이
# 줄 수 있는 것들

나는 이 장에서 존중이라는 주제가 최근 얼마나 폭발적인지 보여주려고 한다. 그 이유는 우리가 현재 살아가고 있는 세상이 이 중요한 사회적 가치를 짓밟고 있기 때문이다. 존중은 인간의 본질적인 감정 요구로서 인류의 찬란한 유산이자 드높은 가치이므로 지켜야 마땅한 것이다. 따라서 이어지는 장에서는 존중의 본질과 중요성에 대해 더 깊이 살펴보려 하며, 다음의 관점에 기초를 두고자 한다.

1. 인간은 기본적으로 사랑과 칭찬이 필요한 존재다. 하지만 점점 타인을 존중으로 대하는 태도가 사라지고 있다.
2. 우리 사회는 냉담함과 차가운 열정에 기반을 두고 있다. 이런 분위기 속에서 관심과 부드러움과 시간이라는 세 가지 요소는 너무나 쉽게 무시된다.

3. 건강한 자존감을 가진 사람만이 타인을 존중으로 대할 수 있다. 반대로 타인에 대한 존중과 인정은 나 자신의 자존감을 강화한다.
4. 존중의 문화가 다시 등장하면 인간 생존에 필수인 공감력도 함께 키워야 한다.
5. 우리 사회의 존중 결핍의 위기는 사람들이 존중의 태도를 실현하는 것뿐만이 아니라 세상에 당당히 요구할 때 비로소 극복될 수 있다.

존중은 사회적 태도, 대인 커뮤니케이션, 타인과의 만남을 통해 어느 정도 실현할 수 있다. 또한 이로 인해 인간의 가치에 대한 존중, 공감력의 육성, 인간의 존엄성 유지와 같은 기본에 충실하고 인간적인 사회 분위기를 만들어갈 수 있다.

### 정말 기적을 불러올 수 있을까?

여러분들은 존중을 '기적'이라 부르는 것이 오글거리거나 혹은 진부하다고 느낄 수도 있다. 그런 생각을 하고 있다면, 한번 존중의 태도를 시도해보고 진정한 존중의 효과를 느껴보시길 바란다. 아마도 긍정적인 의미에서 놀라움을 경험할 것이다. 서로를 존중의 태도로 대하는 것은 실제로 어떤 기적을 불러올 수 있다. 우리는 누군가에게 인정을 받거나 애정과 위로 또는 단순한 존경을 표할 때도 기분이 좋아진다. 반대로 우리가 존중을 표현할 때 상대도 더 개방적이고 친근하며 더욱 따뜻한 태도로 우리를 대한다. 어쩌면 기적이라는 말을 의심하는 우리의 마음은 주변 사람들에게 긍정적으로 반응하지 못하는 우리의 태도와 관련이 있을지도 모른다.

> 존중에 대한 높은 갈망과 존중을 표하는 것을 꺼리는
> 태도 사이의 간격은 놀라울 정도로 크다.

진정한 인정Anerkennung이 우리의 삶을 강화하는 가장 중요한 요소인데도 불구하고 직장문화에 거의 활용되지 않는다는 것도 놀라운 일이다. 존중을 기반으로 한 기업 문화와 직원 개개인을 인정하는 시스템이 직원들의 만족도를 높여 효율성을 향상시킨다는 것이 과학적으로 입증되었는데도 그렇다. 오늘날 매우 흔하게 일어나는 부부 갈등 문제에서도 비슷한 양상을 볼 수 있다. 사람들은 갈등의 이유를 온갖 방식으로 설명하려 한다. "우리는 서로 너무 안 맞아서 헤어질 수밖에 없어요." 그러면서 분명한 사실은 외면한다. 매일 피할 수 없는 일상적인 마찰 속에서 상호 존중은 어느덧 사라지고 없다는 사실을 말이다. 부부가 서로 의식적으로 친밀함과 존중 그리고 다정함을 바탕으로 한 태도를 실천하다 보면 부부 간의 아주 많은 것들이 해결되거나 성취될 수 있다.

## 존중의 가치를 요구하라

존중의 심리학은 겁쟁이나 나약한 이들, 까탈스러운 사람이나 신경증 환자를 포근하게 안아주고 감싸주는 주제 정도로 인식되기도 한다. 사실 존중은 놀라울 정도로 단순하고 자명한 이치인데도, 사람들 간의 일상적인 만남에서 무시되고 사회적으로도 하찮게 여겨지고 있다. 나는 이 책에서 여러분들에게 존중의 가치에 대해 차분하게 조목조목 전달하려고 한다. 존중의 방식과는 거리가 먼, 가르치려 들거나 손가락질하는 태도는 접어두고 여러분에게 다가갈 것이다.

> 존중 문화는 나 자신과 주변 사람들에서 시작해야 한다. 자신의 가치를 인식하고 인정 욕구를 진심으로 받아들이며 존중을 요구할 때, 우리의 자존감은 강화되고 존중의 태도는 실현된다.

또한 나는 이 책에서 존중의 본질을 설명하는 것뿐만 아니라 자존감을 잃거나 번아웃에 이르는 상황, 일에 대한 불만족이나 보복 행위에 이르기까지 존중의 결핍으로 비롯되는 결과도 살펴보려 한다. 더불어 우리가 다른 사람에게 보여주는 존중과 자신의 자존감 사이의 상호작용도 세심하게 살펴볼 것이다. 다시 말해, 우리는 존중의 태도가 타인뿐 아니라 자신의 가치를 높이는 결과를 가져온다는 점도 주목해야 한다. 철학자 게오르크 빌헬름 프리드리히 헤겔Georg Wilhelm Friedrich Hegel도 『정신현상학』에서 어떤 형태이든 자신감은 오직 상대방을 인정할 때 높아질 수 있다고 말했다.

인간은 관심과 격려를 담은 피드백을 필요로 하고 '정서적 모유'를 섭취할 권리가 있다. 본질적으로 존중을 통해 표현되는 인간의 존엄성 보장이 근본적인 인권에 바탕을 두고 있다는 것은 다 그럴만한 이유가 있다. 하지만 기후 재앙의 해결책으로 새로운 빙하시대를 기다리는 것이 답이 아니듯, 우리는 정서적 냉각 현상에도 적극적으로 대응해야 한다. 존중의 문화는 수용되고 요구할 때 비로소 제대로 발전할 수 있다. 그렇게 할 때 이 사회에서 공감이나 동정, 자비와 같은 인간적인 감정이 힘을 얻게 되고, 우리의 본질적인 가치가 강화될 수 있다. 존중의 문화가 무엇보다 빨리 사라지고 있는 이 시점에서 이 소중한 가치는 더 많이 활성화되고 요구되어야 한다. 그럴 때 감정의 기후는 다시금 따뜻해질 것이다. 그러므로 궁극적으로, 이 책은 다름 아닌 존중의 가치에 대한 존중에 관한 것이다.

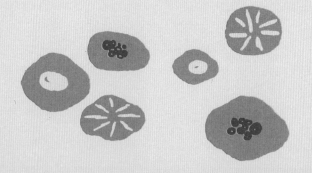

# 2장

# 우리는 공감이
# 필요한 존재

"인간의 감정은

이성이 지각하는 것보다

훨씬 더 민감하고

이해가 빠르다."


빅터 프랭클

Victor Frankl

태초 이래로 인간은 긍정적인 관심에 의존해왔다. 인간은 평생 사랑이라는 감정을 포함해 모든 기본적인 욕구에 지배된다. 인간의 건강한 정신세계 발달은 관심Zuwendung, 부드러움Zärtlichkeit, 시간Zeit이라는 세 가지 요소가 없이는 불가능하다. 부모들이 아이들을 보살피고 사랑으로 대할 때, 아이들의 자존감은 높아진다. 아이가 보호받고 있다고 느낄수록 아이들의 자신감은 커지고 공감 능력도 발달하는 것이다.

양육자가 애정과 정서적인 부드러움을 갖고 아이를 대하는 것은 아이들에게 공감 행동의 롤모델이 된다. 부모를 통한 이러한 경험은 '애착 이론Bindungstheorie'과 '모델 학습Lernen am Modell'에 의해 이론적으로 확인되었다. 이 두 가지 접근 모두 부모와 자녀 관계를 감정적 관점에 초점을 두고 있다. 아동 발달 심리학의 '애착 가설Bindungshypothese'에 따르면, 모든 인간은 타인과 감정적으로 친밀한 관계에 대한 욕구를 지니고 태어난다.

긍정적인 피드백과 인정 그리고 존중은 한 사람이 평생 살아가는 데 본질적으로 중요한 요소다. 감정적인 관심을 받지 못한 사람은 항상 위기를 겪을 수밖에 없다. 이런 사람들은 장기적으로 자존감과 자신감이 저하되고 자신과 타인에 대한 신뢰가 추락하며 실망과 회의감이 그 빈자리를 차지하게 된다. 다음은 그 예를 분명하게 보여준다. 다른 이야기와 마찬가지로 일화 속의 인물은 가명으로 표기했다.

### 300유로의 재앙

어느 가을날 아침, 쉰 살쯤 되어 보이는 마르틴이 예고도 없이 내 사무실로 불쑥 들어왔다. 그의 몸은 물에 흥건하게 젖어 있었고 몹시 불안해 보였다. 병원에 오기 전, 그는 안개가 자욱한 계곡 아래에 서 있었다. 그는 스스로 목숨을 끊기 위해 물속으로 걸어 들어갔다. 통속적인 영화의 한 장면처럼 어느 순간에 안개가 걷혔고, 물속에서 멍하니 서 있다가 산 중턱에서 아침 햇살을 받아 반짝거리는 병원 건물이 그의 눈에 들어왔다. 그는 세상과 작별인사를 하기 전에 실낱같은 기대를 품고 우리 병원으로 왔다.

마르틴은 알코올, 마약, 도박 중독 증세가 없었고 피로와 불안에 시달리지 않았으며 신체적으로도 건강했다. 가족들과도 사이가 좋았고 경제적으로도 풍족했다. 멋지고 안전한 직업을 가지고 있었고 미래에 대한 걱정도 없었다. 한마디로 부족함이 없는 삶을 살고 있었다. 그런데 최근에 한 가지 문제가 생겼다. 연말에 회사는 300유로의 보너스를 직원들에게 나누어 주었는데, 그는 보너스를 받지 못한 것이다. 그에게 아무런 설명도 없었다. 사실 300유로는 그에게 하찮게 여겨지는 적은 액수였다. 하지만 마르틴은 가만히 되묻기 시작했다. 왜 다른 사람은 주면서 나는 안 주는 거지? 경영진이 나에게 불만이 있는 건가? 내가 그들의 눈 밖에 난 건 아닐까? 그렇지만 이건 참을 수 없을 만큼 부당한 일이 아닌가? 그는 윗사람들에게 "이게 무슨 엿 같은 짓인가요!"라고 소리 지르고 싶었다. 하지만 감히 그럴 수 없는 노릇이었다. 너무 사소한 문제였고 이런 문제 하나 참지 못하는 지질한 모습을 보여주고 싶지 않았다.

　마르틴은 누구에게도 자신의 감정을 털어놓지 않았고, 심지어 아내에게조차 입도 벙긋하지 않았다. 그는 세상과 자신에 대해 회의감이 들었고, 그런 짓누르는 감정에서 벗어날 수가 없었다. 번민에 휩싸여 잠을 잘 수 없게 되었고 아무런 낙이 없는 하루하루가 이어졌다. 그는 그렇게 살고 싶지 않았고 결국 피로와 괴로움에 이끌려 계곡으로 걸어갔으며, 마침내 나의 사무실로 흘러들었다.

이 이야기는 사랑을 잃는 것에 대한 두려움, 인정의 결핍 등 존중이 부족할 때 일어날 수 있는 많은 것을 포함하고 있다. 마르틴은 특히 자신이 받은 모욕에 대해 누구도 설명을 해주지 않고, 모욕당한 그의 심정을 알아주지 않았다는 사실에 고통스러워했다. 하지만 누구에게도 속을 드러내지 않았으므로, 그의 드라마는 그의 내면에서만 일어났고 결국 환자와 심리 치료사 사이의 비밀로만 남았다. 그러니 마르틴의 허락을 받아 공개한 이 일화를 통해 우리는 존중 결핍과 모욕감이 불러일으킬 수 있는 무시무시한 결과를 생각해볼 필요가 있다. 지금 마르틴은 치료를 받은 후 다시 잘 회복하고 있다. 하지만 그의 이야기는, 생명을 위협할 만한 심리적 고통이 평범한 중산층 생활의 표면 아래서 얼마든지 일어날 수 있다는 것을 보여준다.

그렇다면 존중의 태도를 갖기 위해선 무엇이 필요할까?

## 공감이란
## 무엇인가

인간은 생각과 행동, 이성과 언어를 가진 존재이며 의사소통에 능할 뿐만 아니라 무엇보다도 감정이입을 할 줄 아는 존재다. 인간은 평생 사랑을 갈구하며 살아간다. 관심과 인정을 받고 싶어 하고, 타인에게도 그것을 전하고 싶어 한다. 이러한 독특한 욕구를 충족시키려면 우리는 자기 내면의 말에 귀를 기울이고, 타인의 마음에 공감할 수 있어야 한다.

공감은 한눈에 다른 사람의 내면을 느낄 수 있는 감각을 의미한다. 그래야만 타인의 본성뿐 아니라 생각과 느낌, 그 사람의 의도를 이해하여 공감 어린 반응을 할 수 있다. 독일의 심리학자 레나 풍크Lena Funk의 정의에 따르면[1] 공감에는 "출신이나 주변 환경에 의해 동료를 판단하지 않고 받아들이며 진정으로 이해하려는 자세"가 포함된다. 공감은 타인의 감정 상태에 민감하게 반응하여 상대방의 생각과 요구에 어느 정도 감정이입을 하는 것이다. 감정이입이 더욱 깊어질수록 공감대는 더 커진다. 상대와의 감정 교환은 상대방의 입장에 서는 것이며, "당신이 어떤 느낌인지 알아요"라고 하는 것이다.

공감은 타인의 생각을 감지하고 의도를 이해하는 것이다.
공감하는 능력은 인간을 다른 생물이나 기계와 구별 짓게 한다.

'열정' 또는 '강렬한 감정'을 의미하는 그리스어에서 유래한 공감Empathic이라는 용어는 독일의 철학자 루돌프 헤르만 로체 Rudolf Hermann Lotze를 통해 철학에 처음 등장했다. 이후에, 공감은 '내면의 정신적 과정으로서의 감정이입'이라는 의미로 사용되었다.

영국의 여성 작가 바이얼릿 패짓Violet Paget은 공감이라는 개념을 흥미롭게 해석한 바 있다. 그녀는 의미심장하게도 자신의 환상적인 문학 작품을 버넌 리Vernon Lee라는 필명으로 출판했다. 패짓은 한 사람의 성격이 죽은 사람들의 정체성에 의해 형성될 수 있다는 개념 아래 공감을 "우리의 에너지와 행동 그리고 느낌이 투영되는 것"이라고 묘사했다.

공감의 개념은 지크문트 프로이트Sigmund Freud에 힘입어 현재의 의미를 얻었다고 할 수 있다. 그는 타인의 마음에 공감하는 것을 자신의 자아와 이질적인 모든 것을 탐구하는 방식이라 정의했다. 아동 심리학에서는 인간이 5세에서 9세 사이에 다른 관점을 가지게 되며 공감 능력을 얻게 된다는 것을 밝혔다.

> 많은 예술가들이 사물의 미학적 의미를 파악하는 방법으로 공감이라는 영역을 탐구해왔다.

공감의 개념이 널려 알려진 것은 인본주의 심리학의 대표 주자라 할 수 있는 미국의 심리학자이자 심리 치료사 칼 로저스Carl Rogers에 의해서다. 그는 환자 중심의 심리 치료를 개발했는데, 어떤 행동에 대한 조건 없는 존중, 진정성 있는 태도 그리고 공감은 지금도 치료 과정에서 매우 중요한 요소로 여겨진다. 심리 치료사는 고객의 경험과 고통을 공감의 태도로 이해하고 자신의 느낌을 진실한 방식으로 전달해야 한다. 그리하여 도움을 구하는 사람이 자신을 믿고 스스로 인격을 강화하는 데 노력하게 된다.

심리 치료 분야에서 공감의 행동을 하기 위해 우선 필요한 것이 바로 '자기 자각'이다. 자신의 감정을 알지 못하면 다른 사람의 감정을 느낄 수 없다. 자신의 감정과 내면을 더 잘 감지할수록 우리는 타인의 감정과 생각을 더 민감하게 느낄 수 있다.

전 미국 대통령 버락 오바마가 2006년 시카고 노스웨스턴 대학 연설에서 '현대 사회의 공감 결핍'을 언급한 이후 공감이라는 주제가 심리 치료와 교육 분야를 훌쩍 뛰어넘어 우리 사회에서 진지하게 논의되고 있다. 오늘날 공감의 개념은 심리적·신학적·정치적 내용을 담은 글과 연설에서 핵심적인 주제가 되었다. 또한, 고객 마케팅이나 직원 관리 분야에서도 고유한 입지를 차지하고 있다.

---

### 인본주의 심리학 Humanistische Psychologie

인본주의는 인간을 더 나은 것을 위해 배우고 발전할 수 있는 능력을 가진 존재로 여기는 정신 운동이라 할 수 있다. 인본주의 심리학, 특히 칼 로저스에 의해 처음 개발된 인간 중심 심리 치료는 이와 같은 태도를 기본으로 하고 있다. 로저스는 인간이 자신을 이해하고 자기 이미지를 형성할 수 있는 능력이 있다고 본다. 그리고 우리는 이 '자아 개념'을 언제든지 바꾸고 완성할 수 있다. 이는 실직이나 연인의 죽음 같은 갑작스러운 사건이나, 외부 상황이 변함에 따라 자아 개념이 흔들릴 때 특히 필요한 것이다. 이

런 경우 인간의 변화 능력은 치유적 성격을 띠는데, 여기서 인본
주의적 심리학과 이를 바탕으로 한 치료의 형태가 중요한 역할을
한다. 다시 말해, 이것이 우리 자신의 심리적 자가 치유능력을 활
성화하고 사용하는 것을 도와주는 것이다.

# 연민이라는
# 특별한 공감

공감과 연민이라는 두 용어는 비슷한 맥락으로 사용되는 경
우가 많지만 똑같다고 할 수 없다. 다만 두 단어가 가진 긍정적인
방향은 매우 유사하다. 연민은 슬픈 운명과 억압적인 상태 혹은
우울한 감정과 연결되어 있으며, 공감은 좀 더 중립적이고 포괄적
인 의미로 기쁨과 행복, 분노와 부러움을 포함한 모든 종류의 감
정과 연관된다. 연민은 주로 걱정, 동정, 슬픔과 같이 특정한 상황
을 공감함으로써 나타나는 감정 반응이다. 반면 공감은 타인의 분
노를 이해하거나 상대를 향한 연민을 통해서도 나타날 수 있다.

하지만 대부분 종교에서 도덕이나 윤리와 관련하여 매우 중
요한 위치를 차지하는 연민은 저마다 상당히 다르게 해석된다. 연
민은 윤리적으로 중립적인 감정, 혹은 순수한 '감정적 전염'으로
이해되기도 하고, 어떤 이에게는 도덕의 기초, 혹은 유일한 사랑
의 형태이기도 하다. 또 몇몇 특정한 철학적 관점에서 연민은 매

우 비판적으로 받아들여진다.

가령 모든 종류의 감정적 표현이나 영향에서 거리를 두는 스토아 철학은 연민을 거부한다. 반면에 중세 기독교 철학자들은 연민을 자비의 핵심적인 예비 단계이자 형제애의 주요 구성 요소로 본다. 또 어떤 철학자는 연민을 일종의 애도라고 보고 부정적으로 판단한다. 연민의 위대한 이론가로 알려진 아르투어 쇼펜하우어Arthur Schopenhauer는 연민을 인간의 원초적 감정으로 해석하여 연민의 심리적 이해에 매우 가까이 다가갔다. 연민은 이기주의의 대척점에서 균형을 잡아주는 감정으로, 고통받는 모든 존재를 자신과 동일시함으로써 인간의 도덕적 근거를 마련한다. 덧붙여서, 쇼펜하우어의 고찰은 결과적으로 동물 윤리에 대한 길을 닦았고, 동물 복지와 다른 생물에 대한 존중의 이론적 틀을 마련했다.

가장 잘 알려진 연민의 반대자는 아마도 연민을 '불행한 사람들의 욕구'라고 묘사한 프리드리히 니체Friedrich Nietzsche일 것이다. 그의 견해에 따르면, 연민에 가득 찬 사람들은 자신의 약점을 감추고 고통을 전시함으로써 다른 사람과의 관계에서 권력을 얻고자 한다.

존중의 맥락에서, 연민의 개념은 높은 우선순위를 차지한다. 여기서 연민은 부정적 의미가 아니라 자비롭고 인간적인 의미로 이해되어야 한다. 아우구스티누스Augustinus는 다음과 같은 말을 남겼다. "타인의 비참함을 마음 깊이 다른 사람과 함께 느끼고, 어떤 경우든 자신이 할 수 있는 도움을 베푸는 것이 바로 연민이 아니겠는가?"

과거의 많은 현자가 연민에 대한 생각을 남겼다. 존중과
관련하여 연민은 특별하고도 매우 중요한 형태의 공감이
라고 할 수 있다.

덧붙여 말하자면, 공감Empathie은 동정Sympathie과 같다고 볼
수 없다('sym'은 '~와 함께'를 의미함). 단어에서 유추할 수 있듯이
동정은 자신과 타인의 감정이나 감수성 등이 유사할 때를 전제로
한다. 반면에 공감은 중립적이다. 공감은 여러분의 긍정적인 기대
나 감정을 타인에게 전달할 것을 요구하지 않는다.

## 타인의 입장
## 되어보기

학술적으로 보자면, 공감은 진정한 의미의 감정이라기보다는
우리가 인식하는 타인의 감정에 대한 반응으로 해석할 수 있다.
이에 대해서는 본질적인 측면에서 다양한 개념들이 연구되고 있
다. 아래에 소개하고자 하는 세 가지 접근 방식은 존중이라는 개
념의 핵심을 보여주고 있다.

1. 감정적 공감 또는 감정적 민감성은 다른 누군가와 같은 방식으로 느끼는 능력을 의미한다. 일부 연구자들은 교육과 심리 치료에서 특히 중요한 이 감정의 형태를 진정한 공감이라고 부른다.

2. 인지적 공감대는 다른 사람들의 생각, 의도, 판단을 대상으로 한다. 그것은 다른 사람의 관념과 지적 세계에 자신을 놓을 수 있는 능력을 말한다. 따라서 광고나 협상 기술, 직원 교육이나 경영 분야에서는 인지적 공감대를 중요하게 여기고 가르친다. 이에 대한 접근과 연구 결과로, 리더십 심리학에서 정체성 균형 모델이 개발됐다. 이 개념으로 자신의 정체성과 타인의 정체성 사이에 균형을 잡는 것이 가능해진다. 타인의 욕구뿐만 아니라 자신의 욕구를 무시하지 않고 고려할 때 의사소통이 성공적으로 이루어질 수 있다. 이것이 이루어지려면 공감이 필요하다.

3. 사회적 공감은 관용적이고 건설적인 상호작용을 위해 다른 문화권 사람들의 가치와 본질을 이해하는 것을 가능하게 하는 힘이다. 우리가 살아가는 거대한 이주의 시대에서 사람들이 정치인들의 공감 부족에 대해 푸념할 때, 이러한 형태의 사회적 역량은 의미가 있다.

공감은 감정 이상의 것으로 그 복잡하고 다층적인 현상을 완전히 이해할 수 없으므로 이를 학술적으로 의미 있는 구분을 하기는 어렵다. 감정적·인지적·사회적 공감 사이의 전환은 유동적이며 서로의 영역은 어느 정도 겹친다. 진정한 공감에는 세 가지 측면이 모두 포함되어야 하며, 감정적인 부분은 존중에서 매우 중요한 것이다.

## 공감은 유전자와 뇌에 나타나는가?

과학 분야에서 공감이라는 화두가 돌파구를 찾는 데 결정적인 도움을 준 것이 유전자 및 뇌 연구 분야다. 뇌 연구 결과, 중추신경계에서 공감을 책임지는 몇 가지 영역을 식별하는 데 성공했다. 이른바 대뇌의 브로드만 영역Brodmann-Areal 44번은 감정적 공감에 결정적인 영역이며, 인지적 공감은 10번과 11번 영역에서 담당한다. 감정을 담당하는 전두엽 피질과 편도체 핵에서 일어나는 다양한 활동도 공감에 영향을 미친다.

다른 사람의 행동을 거울처럼 반영한다고 해서 이름 붙여진 거울뉴런Spiegelneurone에 대한 연구가 최근 큰 인기를 얻고 있다. 이에 발맞춰, 타인의 감정에 공감하는 것과 자신의 감정을 인지하는 것이 뇌에서 같은 반응으로 나타난다는 사실이 기능성 자기공명영상MRI을 통해 증명되기도 했다. 고통받는 누군가의 표정을 관찰하는 것만으로도 자신이 고통을 느끼는 것처럼 뇌의 영역이 활성화된다는 것이다.

최근 미국과 중국의 연구자들은 소위 '포옹 호르몬'이라 불리는 옥시토신oxytocin의 원인이 되는 유전자가 공감 행동에 미치는 영향을 증명하기도 했다. 이 호르몬은 특히 출산 과정에서 분비되어 엄마와 아이 사이를 친밀하게 만드는 역할을 한다. 이는 또한 성별에 따른 차이를 설명하기도 하는데, 여성이 남성보다 더 공감을 잘하는 존재라는 사실을 알 수 있다.

## 공감을 측정할 수 있을까?

연구자들은 심리 측정기 등 여러 방법을 통해 공감 표현의 유형과 정도를 파악하려고 시도했다. 비록 실제로 측정하기 어려운 공감이라는 영역을 부분적이나마 측정하려는 시도이긴 하지만 흥미로운 세부 결과를 볼 수 있었다. 공감 능력이 지능, 인지능력, 언어 표현 능력, 정서적 안정성 등과 연관되어 있다는 것을 증명한 것이다. 공감을 잘하는 사람은 무미건조한 감정을 가진 사람보다 여러 면에서 지능이 더 높고 평정심을 잃지 않은 채 행동하고 느끼는 것을 알 수 있었다. 이는 존중의 맥락에서 침착함이 중요한 역할을 한다는 것을 시사한다.

이러한 연구 결과를 역으로 보자면, 공감의 부족은 종종 편협함과 편견, 고정관념의 형성으로 이어진다. 그리고 공격적인 행동과 반사회적 인격 장애를 앓는 사람들에게서 공감 능력의 결핍이 입증되었다. 흥미롭게도 가학성 범죄자들을 분석해보면, 인지적 공감 능력은 부족하지만 감정적 공감력은 낮지 않은 것으로 밝혀졌다. 이는 겉보기에는 둔감해 보이는 가학성애자의 잔인성을 설명해주는데, 사실 범죄자는 자신이 희생자를 어떻게 하면 괴롭히고 모욕을 줄 수 있는지를 정확히 알고 있다는 것이다. 다음의 살인자에 대한 사건 기록은 이를 인상적으로 보여준다.

## 최대의 고통

그의 이름을 프리돌린이라고 부르자. 47세의 직장인이었던 그는 여러 번 이혼하고 한동안 혼자 살다 최근에 인터넷을 통해 사랑을 찾았다. 그는 곧 새로운 배우자의 자녀를 포함해 다섯 자녀와 함께 집을 합쳤다. 2년 후, 부부 관계가 위기에 빠졌고, 아내가 헤어지기를 원했으므로 그는 집을 떠나야 했다. 아내를 되찾으려는 그의 모든 시도는 실패했다. 애원, 구걸, 협박도 통하지 않았다. 그는 스토킹 혐의로 신고되어 집행유예를 선고받기도 했다. 어느 날 오후, 프리돌린은 잠복하고 있다가 전처의 16세 딸을 자신의 차로 유인하여 채석장으로 데려갔고 그곳에서 아이를 살해했다. 살해한 이유를 묻자 그는 아무런 동요 없이 대답했다. "그 여자가 가장 좋아하는 아이였기 때문에 최대한의 고통을 주려고 했다."

많은 정신 장애가 공감 결핍과 관련이 있다는 명백한 증거도 있다. 병적인 나르시시즘 같은 인격 장애에서도 공감 결핍이라는 요소가 발견된다. 대개의 범죄 행위는 감정이입의 부족에서 비롯되는 경우가 많고, 거의 모든 유형의 범죄에서 가해자는 낮은 수준의 공감 능력을 갖추고 있는 것으로 밝혀진다.

여러 과학 연구에서도 원만한 인간적 상호작용을 위해 공감의 중요성이 증명되고 있다. 앞서 필자가 한탄했던 것처럼 우리 사회의 정서적 냉담함은 특히 젊은 세대 사이에서 보이는 공감 능력의 감소로 거슬러 올라간다. 미시간 대학의 심리학자 세라 콘래스Sara Konrath의 연구에 따르면,[2] 공감의 수준은 지난 30년간에 40퍼센트나 떨어졌다. 콘래스는 이를 디지털 혁명의 결과로 설명하는데, 폭력적인 컴퓨터 게임과 치열하게 경쟁하는 리얼리티 쇼가 판치는 환경에서 자란 젊은 세대는 다른 사람들의 감정에 둔감해졌다고 한다. 그리고 경제적 자유주의를 우선시하고 복지국가에 대한 거부감을 보이는 것에도 알 수 있듯이 현대인들의 목표와 가치는 확연히 달라졌다. 'Me세대'는 '자기중심적이고 자기애적이며 경쟁적이고 개인주의적인' 세대가 되었다. 마지막으로 콘래스의 연구 결론은 우리를 한숨짓게 하는데, 이들 세대의 특징은 자존감이 증가할수록 그에 상응하는 타인에 대한 비하도 동반하고 있다는 것이다.

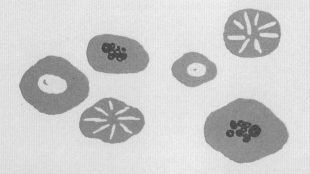

# 3장

# 왜 감정에
# 굶주리게 되었는가

"우리의 영혼은
감정으로 가득 찼지만,
우리의 말은
방편으로 가득 차 있습니다."

뤽 드 클라피에르 드 보브나르그
Luc de Clapiers, de Vauvenargues

인간은 존중과 긍정적인 관심을 갈구한다. 그것이 얼마나 많이, 어떤 형태로 필요한지는 개인의 성격이나 성장 환경에 따라 다르다. 또한 '보편적인 분위기와 상황'에 해당하는 사회적 분위기에도 달려 있다. 그 사회의 문화와 시대정신, 정치적·사회적 상황에 따라 감정을 다루는 방식은 달라진다. 한 사회의 구성원들이 정서적인 삶을 어떻게 바라보는지, 합리성과 감정의 관계를 어떻게 보는지, 개인의 감정 표현을 어떤 가치로 느끼는지는 모두 중요한 문제다. 사람의 감정을 드러내는 것이 '당연한' 것인가, 그렇다면 어떤 형태로 표현되어야 하는가? 남자도 울 수 있는가? 여성이 드러내는 감정을 사회에서 진지하게 받아들이는가, 아니면 그저 '히스테리'라는 말로 무시해버리는가? 감정은 사적인 문제이므로 혼자 간직해야 하는가? 사람들이 소통할 때 가능하면 차갑고 거리 두는 것을 멋지게 여기는가, 아니면 감정을 그대로 보여주는 것이 바람직한가? 교육에서 감정은 어떠한 중요성을 가지며 감정 지능과는 어떻게 연결되는가? 이 모든 것들이 소위 말하는 '사회적 정서'와 관련된 질문들이다.

적어도 존중의 측면에서 보자면 오늘날의 현실은 뭔가 잘못되어가고 있다. 예를 들어, 사회적 격변과 도약, 디지털화와 세계화의 도래, 미래 예측과 세계의 변화 등을 우리가 논의할 때 대체로 감정적 차원의 변화에 대해서는 아무도 염두에 두지 않는다. 이상하게도 인간에게 빼놓을 수 없는 감정이라는 영역은 대부분 무시되거나 소외된다. 갈수록 합리적인 것이 대접을 받고 성과와 이익에만 초점을 맞추는 세상에서 기본적인 감정의 욕구는 거의 무시당하고 있으며 감정 표현에 대한 평가도 너무나 박하다.

사람 대부분이 사랑을 갈망하고 행복을 삶의 목표로 삼지만, 이러한 가치관의 근원인 감정은 정작 환영받지 못하고 그 가치를 잃고 있다.

하지만 연민이나 공감 같은 감정은 존중의 전제 조건이기 때문에, 오늘날의 감정 부족 현상은 존중의 위기로 이어질 수밖에 없다. 우리 사회는 점점 감정적으로 빈곤해지고 있는 듯하다. 이러한 현상에는 크게 일곱 가지의 원인이 있는데, 이 장에서 이야기해보고자 한다.

# 나르시시즘의
# 시대

여러 연구를 통해서도 드러났듯이, 타인을 희생의 도구로 삼아 자기를 미화하고 자기표현을 하는 세태가 오늘날 지배적인 시대정신임을 말하지 않을 수 없다. 그러므로 현 시대는 '나르시시즘의 시대'라고 말할 수 있다. 나르시시즘의 급속한 확산은 오늘날 사회적으로 존중이 쇠퇴하는 주요 원인 중 하나다.

---

### 나르시시즘

이 용어의 유래는 그리스 신화의 등장인물로 거슬러 올라간다. 아름다운 청년 나르키소스는 그에게 구애하는 여인들을 무자비하게 거절했고, 여신 네메시스는 그에게 끝없는 자기애라는 벌을 내렸다. 나르키소스는 연못을 들여다보는 순간, 물속에 비친 자신의 모습을 보고 미친 듯이 사랑에 빠지게 된다. 한편, 심리학에서 언급되는 나르시시즘이라는 용어는 유아기의 발달에서 건강한 자기애를 위해 필요한 요소다. 반면 지나친 자기중심주의를 특징으로 하는 인격 장애로 설명되기도 한다.

---

물론 나르시시즘적 행동은 이전에도 존재했다. 그러나 21세기에 일어난 디지털 혁명은 사회 전역에 광범위한 '민주화'를 불러왔고, 이는 여러 분야에 나르시시즘적 태도를 뿌리내리게 했다. 디지털화는 사람들이 물건을 더 빠르게 사고팔 수 있게 할 뿐 아

니라, 전 세계에 자신을 더 빠르고 간편하게 알릴 기회를 제공한다. 이로써 자신의 가치가 더 크게 느껴지는 것이다. 다른 과학기술적 발전, 특히 의학의 발전도 이러한 추세를 뒷받침한다. 오늘날 우리는 자신을 더 높이 평가할 만한 충분한 이유가 있는 사회에 살고 있다.

하지만 1913년에 발표된 유명한 논문 〈나르시시즘에 관한 서론Zur Einführung des Narzissmus〉에서 프로이트는 이를 정신 장애라고 선언했다. 이것은 나중에 '나르시시즘적 성격 장애'로 정신질환의 목록에도 포함되었다. 하지만 오늘날 나르시시즘은 정신장애가 아니라 오히려 수많은 사람이 갈망하는 사회적 이상처럼 보이기도 한다.

> 오늘날 "나, 내가 더, 내가 제일……"이라는 말은 수많은 사람의 좌우명처럼 사용되고 있다.

나르시시즘이 우리 사회에 얼마나 광범위하게 스며들었는지는 주변에서 쉽게 찾아볼 수 있다. 거대한 인터넷 세상에 자신의 이미지를 배포하는 '셀카 중독' 현상이나 수많은 서바이벌 쇼에서의 피학적인 자기 묘사, 엑스터시나 코카인 같은 나르시시즘적인 약물의 사용 증가 등이 그 예다. 사람들에게 삶의 목표를 조사하는 연구 결과에서도 나르시시즘의 승리가 드러나고 있다.

프란치스코 교황은 심지어 '신학적 나르시시즘'을 언급하기도 했다. 그는 2013년 교황에 선출된 직후부터 "시간이 지나면서 교회를 중심으로 번성하는 고약한 폐단은 이런 자기중심주의에 뿌리를 두고 있다"고 비판했다. 이는 바로 신학적 나르시시즘을 말한다. 교황은 그 후에도 나르시시즘적 태도의 파괴적 영향에 대해 거듭 언급했는데, 2014년 교황청에서 열린 크리스마스 연설에서 다음과 같이 말했다. "이것은 성경에도 나오는, 영생을 믿으며 자신이 세상의 주인이자 다른 누구보다 우월하다고 뽐내는 부유한 바보들이 걸린 질병이다. 이는 대체로 권력에 대한 갈망과 선민의식 그리고 자기 자신에게만 열렬히 심취하는 나르시시즘에서 비롯된다."

## 감정의
## 디지털화

존중이 내리막길을 걷고 있는 또 다른 이유는 디지털화된 소통에서 찾을 수 있다. 네트워킹과 정보 교환이 비대하게 발전하면서 감정을 담은 소통은 뒤안길로 밀려나고 있다. 이모티콘과 스마일리가 점점 다양해지고 있지만, 이것이 결코 진실한 감정을 대신하고 사람들 간의 감정 교환을 대체할 수 없다. 아무리 뛰어난 디지털 프로그램이라 해도 한 사람의 개성과 특유의 표현 방식 그리고 미묘한 감정의 차이를 총체적으로 이해하지는 못한다. 그러나 존중을 바탕으로 한 만남은 상대의 미묘한 감정을 이해하는 것이 전제 조건이다. 컴퓨터와 로봇은 이미 인간이 해왔던 많은 기능과 역할을 대체하고 있으며 점점 더 많은 분야에서 인간의 능력을 능가할 것이다. 효율성은 무한히 향상되고 작업 속도는 훨씬 빨라지며 지식과 메모리 저장 기능은 거의 무한대에 이를 것이다. 또한, 인공지능이란 이름으로 지금까지 인간에게 유일한 것으로 여겨졌던 정신 능력까지 곧 갖추게 될 전망이다.

> 감정 전달은 사람 사이에서만 가능하며 절대 기계에 위임될 수 없다.

하지만 컴퓨터나 로봇은 아무리 인간과 가깝게 설계되었다 할지라도 결코 진정한 감정과 동정심, 연민과 자비 그리고 존중의 감정을 느낄 수 없다. 쾌락주의 건축의 거장인 덴마크 건축가 비야케 잉겔스Bjarke Ingels가 미소 짓는 집을 짓는 데 성공한다고 해도 실제 감정은 대체할 수 없다. 사람들이 그 집을 아무리 좋아해도 따뜻한 미소나 진심 어린 칭찬과 같은 정서적 만족감을 그 집이 주지는 못한다. 만약 우리의 감정조차 디지털화하고자 한다면, 우리는 그야말로 감정의 문맹인이 되고 말 것이다.

# 인터넷상의
# 잔혹한 폭력

최근 소셜 미디어 안팎에서는 스캔들, 혐오, 수치심이라는 비인격적인 행태에 대한 경고 신호가 잦아지고 있다. '나쁜 뉴스'는 언제나 언론계의 주요 관심사였지만, 새롭게 등장한 매체들은 스캔들과 수치심에 대한 욕망을 더 자극적으로 담아내기 위해 온갖 수단을 동원하고 있다. 자극적인 뉴스에 대한 소비자의 욕망은 끝이 없는 것처럼 보인다. 인터넷 포럼이나 채팅방에서는 상대방을 헐뜯고 혐오하며 비하하려는 욕망이 노골적으로 드러난다. 이는 신체적인 공격 대신 비열한 언어로, 공개적인 반대 대신 익명성을 띤 음흉한 공격으로 나타나는데, 때때로 비극적인 결과를 가져온다.

## 치명적인 결과를 불러온 사진

캐나다의 여학생 아만다는 16세의 나이에 스스로 목숨을 끊었다. 인터넷 채팅을 통해 알게 된 남자가 아만다에게 가슴이 드러난 사진을 보내달라고 설득했는데, 아만다는 그의 요구에 굴복하고 말았다. 얼마 후 남자는 아만다의 나체 사진을 인터넷에 올리거나 학교 친구들에게 보내며 그녀를 협박했다. 곧 학교 친구들도 그 사실을 알게 되었고 인터넷 채팅이나 전화로 아만다를 밤낮없이 괴롭히기 시작했다. 절망한 아만다는 술과 마약에 눈을 돌렸고 항우울제를 복용했다. 그러나 상황은 나아지지 않았다. 그녀는 수없이 자해했으며 여러 번 학교를 옮겼다. 그녀는 사이버 폭력이 끝나지 않을 것이란 생각에 이르자 결국 비극적인 결말을 선택했다.

몇 주 전, 아만다는 자신의 시련을 써 내려간 일기를 보여주며 어두운 표정으로 말을 건네는 비디오를 공개했다. "전 매일 밤마다 흐느꼈고, 친구를 모조리 잃었어요……. 그런데도 그 사진을 절대 돌려받을 수 없었어요. 그 사진들은 지금도 분명 어딘가를 떠돌고 있을 거예요." 아만다는 눈물을 흘리며 도움을 요청했다.

역사학자 우테 프레베르트Ute Frevert는 자녀 양육과 형법, 정치의 분야에서 여전히 굴욕과 수치심이라는 감정이 힘을 발휘하고 있다고 말한다. 심지어 과거의 목에 차는 형틀이 사라지지 않고 인터넷을 통해 부활했다. 다만 오늘날에는 수치심과 모욕감을 주는 것이 법 집행 기관이 아니라 사회 구성원 전체라는 것이다. 사람들은 인터넷이라는 공간을 최대한 활용하여 자신을 드러내지 않고 전례 없는 방법으로 타인을 노출하고 전시한다.

사이버 폭력은 온라인상에서 수치심과 인격 모독을 가장 극적인 차원에서 보여주는 방법이다. 전자 통신 수단을 통해 타인의 명예를 훼손하고 굴욕감을 주는 행위는 특히 청소년과 젊은이들 사이에 널리 퍼져 있다. 연구 조사에 따르면, 인터넷 사용자 3명

중 1명이 인터넷 괴롭힘을 당한 적이 있고, 더 놀라운 것은 5명 중 1명은 소위 괴롭힘의 주체가 되는 일을 상상해봤다고 답한 것이다. 또 조사에 응한 학생들 중 거의 50퍼센트 정도가 이미 온라인에서 다른 사람들을 괴롭힌 적이 있다고 말했다.

억제와 제재에 어려움이 있는 온라인 공간에서 사이버 폭력은 가해자의 익명성, 사회적 통제의 부재 그리고 무엇보다도 감정적 피드백의 결여로 인해 발생한다. 가해자는 피해자의 감정적인 반응을 직접 접할 필요도, 피해자의 눈을 똑바로 바라볼 필요도 없기 때문이다.

> 잔인함은 공감의 상실에서 비롯된다. 인터넷 시대가 열리기 훨씬 전에 철학자 한스게오르크 가다머는 이렇게 말했다. "누군가의 눈을 들여다본다는 것은 그 사람을 죽일 수 없다는 것을 의미한다."

심리학적으로 볼 때, 타인에게 굴욕을 가하는 행위의 배후에는 몇 가지 메커니즘이 있다고 할 수 있다. 자극적인 쾌감은 내면의 공허함을 걷어내고 자신의 무뎌진 감정을 부수려는 시도이기도 하다. 이를 위해서는 부드럽고 긍정적인 메시지보다는 부정적이고 두려움을 유발하는 뉴스가 안성맞춤이다. 게다가 타인의 실패와 죄책감을 목격함으로써 자신의 열등감이 사그라드는 효과가 있다. 세상의 사악함이 어느 순간에 자신의 도덕적 우월성과 높은 품성을 확인시켜주는 도구가 되는 것이다.

인간이 바라는 긍정적인 관심이 인터넷을 통해 충족될 수 없다는 것은 당연하다. 이는 인터넷에 대한 회의적인 태도가 증가하고 있다는 연구 조사를 통해 분명히 확인된다. 인터넷 세대를 대상으로 한 대표적인 조사에서, 14세부터 24세까지 사용자들의 인터넷에 대한 불신이 증가하고 있는 것으로 나타났다.[3] 조사 대상 젊은이들의 38퍼센트는 주로 소셜 미디어에서 보이는 '모욕의 문화'가 이런 불신을 초래한다고 답했다. 1,730명의 응답자 중 3분의 2는 모욕과 폭력이 담긴 공개 발언을 예상할 수 있는 공간으로 인터넷을 지적했다.


## 과격해진 언어

언어학자들은 사회 토론의 장에서 언어가 점차 과격해지고 있는 현상을 지적한다. 이는 부분적으로 위에서 설명한 모욕의 디지털 문화와 관련이 있다고 할 수 있다. 게다가 사람들은 정보의 홍수 속에서 자기 목소리를 내기 위해 더욱 자극적인 언어를 사용하기도 하고 날카로운 언어로 사람들의 감정을 부추기기도 한다.

교육자들은 학교 운동장에 넘치는 증오와 경멸, 차별의 언어에 대해 걱정한다. 마찬가지로 언론과 정치 토론에서도 존중의 언어는 찾아볼 수 없다. 이는 대중의 정서에 영향을 미치고 결국 존중이 결여된 문화를 형성하는 데 결정적인 역할을 한다.

특히 포퓰리즘의 부상은 정치적 수사를 악랄하고 혐오스럽게 만들었다. 이 공격적인 어휘는 사회를 무조건 좋은 것과 나쁜 것으로 나누고, 드높이 평가하거나 가차 없이 깎아내린다.

종종 파괴적인 행동에 수반되는 과격한 언어와 관련해 '단순한 메시지'의 필요성을 주장하기도 한다. 하지만 언어적 메시지보다 훨씬 더 중요한 감정의 요소는 대부분 무시된다. 실제로 모욕감이나 열등감에 시달리는 '듣는 사람들'의 감정에 호소하고 이들의 고통을 치유하는 효과를 주는 것이 급진적이고 과격한 언어의 중요한 측면이다. 급진 이슬람주의자들의 증오와 경멸에 찬 언어 이면에는 언제나, 그들이 죽으면 천국에서 72명의 처녀가 기다리고 있다는 약속이 존재하는 것처럼 말이다.

## 냉정의
## 가면

우리 사회에 자리 잡은 이상적인 감정 표현이라 볼 수 있는 것이 바로 '냉정의 가면'이 아닐까. 감정을 최소한으로 혹은 인위적인 형태로만 표현하는 것, 최대한 건조하게 감정을 배제하는 것이 비즈니스에서 중요한 요소로 자리 잡았다. 이는 말하는 이의 내밀한 감정선을 드러내지 않기 때문에 표정이나 감정 표현을 일종의 가면처럼 보이게 하는 효과를 불러온다. 그리하여 기계에 가까운 인간의 모습이 만들어진다.

냉정함은 내면의 상처를 보호하며 상대를 속이는 효과가 있다. 하지만 타인에 대한 존중의 감정들이 가면 안에서 고통을 받게 된다.

하지만 이 획일적인 냉정의 가면 속에는 매우 민감하고 예민한 한 인간이 존재한다. 우리는 종종 이 사실을 무시한다. 그렇다고 인간의 기본적인 감정들이 줄어들거나, 우리가 더 이상 애정과 관심을 필요로 하지 않는 것은 아니다. 하지만 우리는 대체로 자신이 원하는 것이나 감정을 드러내지 않고 숨기기에 급급하다. 그러면서 내면에는 감정의 불일치 상태가 확장된다. 표현하는 감정과 내면의 감정이 서로 일치하지 않는 것이다. 냉담으로 치장된 얼굴은 정서적인 생기가 사라지고 점점 획일적으로 변하여 가면이 되어간다. 하지만 내면의 감정이 줄어들거나 사라지는 일은 없다. 오히려 정서적 관심과 감정 교류에 대한 갈망은 어느 때보다 크다고 할 수 있다. 아무리 내면의 감정을 배제하고 숨긴다 할지라도 우리 모두는 여전히 사랑과 존중을 필요로 하는 민감한 존재로 남게 된다.

## 노인을 차별하는 태도

존중 결여의 문제는 우리 사회의 큰 부분을 차지하는 노인들을 갈수록 공경하지 않는 태도와도 관련이 있다. 평균 수명이 급속히 늘어남에 따라 오늘날 65세 이상 인구의 비율이 20퍼센트까지 증가했다.

---

**인구 변화**

중부 유럽 사람들의 평균 수명은 20세기 초에는 50세 정도였고, 오늘날 기대 수명은 독일이 80.64세, 오스트리아가 80.89세, 스위스는 82.9세다. 금세기 중반에 이르면 여성의 평균 수명은 90세, 남성은 86세 정도가 될 것으로 예상한다. 인구 추계 결과에 따르면, 2060년에는 독일 인구의 3분의 1 정도가 65세 이상 세대에 속하게 된다.

---

평균 수명이 늘어나는 것은 한 개인에게는 기쁨이지만 사회적으로 보자면 결코 반가운 일이 될 수 없다. 오히려 사회적·경제

적 측면들을 들여다보면 연금 문제와 돌봄 비용에 대한 불안이 쌓이고 있고, 노년들이 삶의 질을 제대로 누릴 수 있을지에 대한 회의적인 시선도 늘고 있다. 2018년 말에 발표된 유럽의 한 연구에서는, 우리 사회가 노인에 대한 차별이 성차별과 인종차별보다 훨씬 더 심각하다고 밝혔다. 연구에 관여한 스위스 프라이부르크 응용과학대학의 사회학자 크리스티안 마조리Christian Maggiori[4]는 노인을 보호할 수 있는 법적 조항이 없다는 사실을 날카롭게 지적한다. 성차별이나 인종차별과는 달리 노인에 대한 차별을 금지하는 법은 없기 때문에 노인들을 불안한 상황에 내몬다는 것이다. 이 사회학자는 이와 같은 상황을 개선하기 위해 4세 아동기부터 인식 제고 프로그램을 시작하는 방안에 대해 연구하고 있다.

노인에 대한 무시와 차별은 우리 사회 곳곳에 만연해 있다. 무비판적으로 젊음을 미화하거나 오직 젊은 세대를 위한 상업 광고들 그리고 구인 광고에 숨겨진 교묘한 노인 차별이 결국 노인을 사회적으로 더욱 고립시킨다. 경제적 효용과 이익을 우선시하는 세상에서 노인은 인간으로서의 존엄성마저도 무시되고 있는 듯 보인다. 노년의 지식과 경험은 구글과 위키피디아로 대체됐고, 아름다운 황혼 녘에 비유되던 노년의 삶은 고단한 노년의 이미지로 대체되었다.

노년의 허무감이나 절망감을 끊임없이 부추기고, 아름다운 죽음이나 적극적인 안락사에 대한 동정론이 그 어느 때보다 공공연하게 노출되고 있다. 이런 환경은 보살핌이 필요한 노인들에게 커다란 정서적 압박을 가한다. 이로써 노인들은 스스로 가치가 없다고 느끼고 가족이나 사회에 짐이 되고 싶지 않다고 느끼게 된다. 하지만 한 인간이 건강한 사회에서 행복한 삶을 살아가는 데에는 인생의 마지막 단계인 노년이 매우 중요하다. 이는 십계명에도 명시하고 있다. "네 부모를 공경하라 그리하면 이는 네가 잘 되고 네 생명이 길리라." 이는 노인의 가치를 소중하게 되새기라는 의미도 있지만, 오늘의 젊은이가 내일의 노인이라는 이치를 말하는 것이다. 이제 곧 인구의 다수가 될 노인에 대한 존중이 사라진다면, 노인에 대한 사회적 태도는 난민이나 망명 신청자 같은 소수자들이 받는 대우보다 훨씬 더 악화될 것이다.

기대 수명이 높은 일본에서 노인 돌봄을 휴머노이드 로봇에 맡긴다면, 노년기에 매우 중요한 정서적 관심은 도외시되고 말 것이다.

## 명예의
## 위기

우리 사회에서 존중이 가로막히고 있는 이유에는 서구 사회에서 볼 수 있는 명예라는 가치의 위기와도 관련이 있다. 여전히 개인적으로는 매우 중요한 것이지만 사회적으로 명예는 더 이상 큰 가치가 없는 듯하다. 얼마 전까지만 해도 명예 훼손은 사활이 걸린 문제였지만 지금은 이 때문에 분쟁이 일어나는 일은 거의 없다. 이제 우리 사회에서 명예의 개념은 시대에 뒤떨어진 것으로 여겨진다. 그리고 모욕이나 비난으로부터 자신을 방어하는 사람들은 민감하고 소심하며 다소 시대에 뒤떨어진 사람으로 조롱받는 경우가 많다. 이와 관련된 범죄는 '하찮게 취급' 받으며 민사소송으로 연결되는 경우가 많은데, 대체로 만족스럽지 못한 결과만 남는다. 유죄 판결을 받는다고 할지라도 처벌이 아주 가벼운 경우가 대부분이다. 그리고 인터넷상의 수많은 혐오에 대항할 수 있는 법적인 수단은 현재로서는 거의 없다.

그러나 명예를 하나의 의식으로 존중하는 관습은 여전하다. 여기서 명예에 대한 우리 사회의 양면적인 태도가 인상적으로 드러난다. 표면적으로는 명예와 훈장은 종종 비웃음과 조롱을 받는다. 하지만 마음속 깊은 곳에서는 대부분의 사람이 그러한 인정을 갈망하고, 상을 받지 못하면 커다란 상처를 받기도 한다.

### 존중의 요구

우리 사회에서 존중의 장벽을 없애려면 무엇보다 법적 차원에서 인권 보호, 존엄성 및 명예 수호의 필요성을 더 크게 고려해야만 할 것이다. 여기에서도 존중의 가치가 필요하다. 인터넷이 무법천지로 전락해선 안 되고, 감사를 표할 때 쓰는 "당신과 함께해서 영광입니다"라는 인사말이 다시금 진지하게 받아들여질 때가 되었다. 왜냐하면 존중의 문화는 너무나 쉽게 비문화적인 증오로 변질될 수 있기 때문이다.

## 지나친 명예욕

그러나 이민자들의 형사 범죄, 특히 당연히 비난을 받아 마땅할 범죄의 적지 않은 부분이 명예 훼손과 관련이 있다. 이들 사회에서는 명예를 가치 피라미드의 꼭대기에 놓고 이를 형식화하여 사람들에게 끊임없이 중요성을 강조하고 존중을 각인시켜왔다. 그리고 일부 가부장적 문화권에서는 법, 생명, 자유라는 법적 관심사보다 명예가 훨씬 더 높은 위치에 있는데, 이는 여전히 명예 살인과 피비린내 나는 보복범죄에서 극적으로 드러난다. 여러 추정에 따르면, 전 세계적으로 약 1만 명의 사람들(대부분 여성)이 부정행위로 인해 손상된 가족의 명예를 회복한다는 목적으로 매년 살해되고 있다. 피비린내 나는 보복 공격은 친척 혹은 가족이 공동체의 명예가 상처를 받았을 때 일으키는 것으로 매년 약 5,000명의 희생자가 발생하며 이들은 대부분 남성이다. 존중의 병적인 형태라고 볼 수 있는, 이러한 극악무도한 범죄의 근저에 있는 뒤틀린 명예의 개념을 바꾸려는 모든 노력은 지금껏 대부분 실패했다.

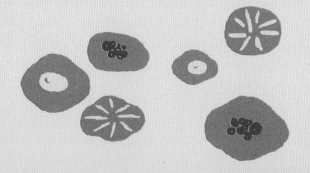

# 4장

# 자존감은 존중의
# 강력한 도구

"자신의 가치를

즐기고 싶다면

그 가치를 세상에도

부여해야 한다."

요한 볼프강 폰 괴테
Johann Wolfgang von Goethe

존중의 의미는 타인을 총체적으로 바라보고 긍정적으로 평가하는 것을 말한다. 하지만 존중이라는 용어가 오직 대인 관계에서만 사용되어야 하는지에 대해서는 논란이 있다. 왜냐하면 존중은 내면적 태도로서 자연, 과학, 문화를 포함하여 물질적인 것과 영적인 것, 즉 우리를 둘러싼 환경과 삶 전반을 아우르는 태도일 수 있기 때문이다.

존중Wertschätzung이라는 말은 단어 자체에 그 핵심적 의미가 포함되어 있다. 이는 '가치Wert'로서 인간인 우리에게 중요한 모든 것, 즉 존엄성을 포함하여 존경, 인정, 칭찬 등의 의미를 담고 있다. 또한 삶과 세상에 대한 근본적인 태도로서 '보물Schatz'과도 같은 영속적인 가치를 의미한다.

이 두 가지 외에도 존중은 또 다른 의미가 있다. 첫 장에서 이미 언급했듯이 존중은 두 가지 방향으로 작용한다. 타인에게 도움이 될 뿐 아니라 동시에 우리 자신의 가치를 키우는 것이다. 이는 우리가 자신을 더 소중하게 여길수록, 우리는 함께 사는 사람들과 세상에 더 많은 것을 전해줄 수 있다는 걸 의미한다.

요약하자면, 존중은 사려 깊은 대인 소통을 가능하게 하면서 주변 환경과도 조화로운 관계를 맺도록 한다. 존중은 언제나 좋은 의미의 공감과 함께 긍정적이고 열린 마음을 기반으로 하기에 사회를 불신과 회의의 시선으로 보지 않고, 또한 전통에 녹아든 경험과 지혜를 인정하는 태도를 갖게 한다.

덧붙여서, 진정한 존중은 무비판이나 눈가림과 아무런 관련이 없으며 당연히 사탕발림과는 더더욱 거리가 멀다. 존중의 특별함은 긍정적인 기대와 함께 우리의 생각과 느낌 그리고 욕망을 근본적으로 인정하며 삶을 받아들이는 데 있다.


## 가치란
## 무엇인가

존중의 핵심적인 결정 요소는 인간의 감정과 가치다. 따라서 존중은 인간에게 중요하고 가치 있는 모든 것을 담고 있다. 그렇다면 실제로 가치는 과연 무엇일까? 성격, 행동, 관념, 사물 등이 어떻게 가치를 가지게 되는 것일까?

아름다움이나 악의 의미를 정의하기 어렵듯이, 가치의 개념은 중립적으로 이해해야 한다. 가치는 인간이 자신과 타인을 위해 바람직하고 갈망할 가치가 있다고 생각하는 모든 것을 의미한다. 가치관은 개인, 집단, 사회가 함께 지키고 실천하고자 하는 원칙이다. 이것은 행동을 제어하고 방향과 목표 설정의 역할을 하며 의사 결정의 기초를 만든다. 또한 사회적인 윤리와 규제 개념을 형성한다. 철학의 고전적 정의에 의하면, 가치란 사람들이 우러러 볼 수 있고 인정하고 찬양하며 추구하는 높고 소중한 개념이다. 학문적 영역에서 가치는 한 개인의 목표와 관련이 있고, 삶의 지침으로 작용하는 추상적인 개념이나 믿음으로 정의된다. 사회 과학에서는 가치가 개인이나 사회 집단을 이끌고 그 중요성은 여러 상황마다 다르게 나타난다고 설명한다.

가치는 사람마다 문화마다 다르며 각자의 상황에 따라 그 무게가 매우 다를 수 있다.

자아실현이나 자율성의 가치는 오늘날 서구 사회에서 특히 높게 평가된다. 공동체 가치는 가족이나 친척, 모임이나 회사 또는 국가와 같은 집단에서 중요하게 여겨진다. 또한 민주주의, 표현의 자유, 인간의 존엄성 등은 일반적인 사회적 가치로 간주한다. 오늘날 특히 인권과 기본권은 중요한 가치로 인정받고 있다.

## 여전히 변화하는 가치들

가치는 인간의 기본 욕구(음식, 수면, 안전, 독립, 자아실현), 공존의 필요성, 종교적 사고, 정치적 관념 혹은 철학적 관념을 통해 계속 발전해나간다. 가치는 언제나 논쟁의 대상이 되고 종종 거슬러지고 변화하며 끊임없이 현실을 투영한다.

하지만 종교에서 기본적으로 중요하게 여기는 가치나, 어떤 시대나 사회를 막론하고 마땅히 범죄로 여기는 '전반적 불법 행위'와 같이 모든 문화권에서 인정하고 타당하게 받아들이는 가치들도 있다. 비난받아 마땅한 명백히 금기시되어야 할 가치는 변하기도 하는데, 이는 시대를 초월한 주제로서 이에 대한 논의는 종종 매우 뜨겁고 논쟁적이다. 가치 논쟁은 때로는 심각한 갈등, 심지어 무력 충돌까지 이어지기도 한다. 가령 테러리즘의 경우, 한쪽은 가치를 지키기 위함이고 다른 쪽은 가치 위반에 저항하기 위한 의도를 가지고 있다.

## 전 세계로 퍼진 공포

2015년 1월 7일, 파리의 주간지 《샤를리 에브도》 편집국 사무실에 복면을 쓰고 총기를 든 두 명의 괴한이 침입하여 편집장과 만화가, 보안 경찰 등 총 11명을 사살했다. 또한 11명이 부상을 당했고, 이 중 일부는 중상을 입었다. 테러 공격이 진행되는 동안 이슬람 테러리스트들은 "우리는 예언자의 복수를 했다"고 외쳤다. 이들은 이틀 뒤 은신처였던 인쇄 공장에서 특공대의 총에 맞아 숨졌다.

《샤를리 에브도》는 사건이 일어나기 몇 해 전에, 덴마크의 한 잡지에 게재되었던 무함마드의 유명한 캐리커처를 다시 실었고, 이후 사건 당일을 포함해 이슬람교에 관한 비판적인 풍자 기사를 반복적으로 실었다. 전 세계적인 공포를 불러일으킨 이 테러는 반대되는 가치에 자행된 범죄 중 가장 비극적인 사례로 여겨진다. 테러리스트들은 자신들의 종교적 가치가 유린당하였다고 확신했으며, 끔찍한 복수는 선하고 정당한 행동이라고 믿었다.

가치는 규범보다 덜 구체적이다. 가치는 단순한 선호보다는 더 깊이 뿌리내린 것이고, 동기만큼 의식적이고 통제할 수 없지만, 성격만큼 안정적이다. 성격은 대체로 유전적 영향을 많이 받지만, 가치는 경험과 발전을 통해 변화하거나 새롭게 형성될 수 있다. 가치는 모방을 통해서 획득하거나 롤모델에게 학습을 통해서 얻어지고 가족이나 환경의 영향으로 변형되기도 하며 양육 환경과 교육으로도 형성된다. 사실 가치는 인간의 삶에서 지침이 되는 결정적 요소이기 때문에, 인격을 형성하는 데 지대한 역할을 한다. 그것은 중요하고 중요하지 않은 것, 옳고 그른 것, 자신에게 궁극적으로 득이 되고 실이 되는 것이 무엇인지를 구분하도록 도움을 준다. 학술적인 측면에서 가치는 '인간 존재의 구성 요소'나 '생명의 목표' 또는 '존재의 결정적 동기 요인'으로 묘사된다.

가치는 개인적으로나 사회적으로 변화의 흐름에 좌우되기도 한다. 새로운 사회적 경향, 기술적 진보, 지식의 증가, 시대정신 혹은 패션에 따라 달라지기도 한다. 낡은 규범들이 사라지고 기존 제도가 위기를 맞이한다든가, 종교적 유대가 해체되고 자율성과 자아실현을 지향하는 경향이 더해지면 가치의 변화는 더욱 빠르게 진행된다. 서구 세계와 같이 다원화된 사회는 훨씬 더 다양하고 개인적이며 유연해서 더욱더 단발적인 영향을 받는다.

## 핵심 가치, 우리에게 중요하고 바람직한 것

가치는 상대적으로 안정적이고 지속적인 요소이기 때문에, 연구자 대부분은 개인과 사회적인 측면에서 중요한 몇 가지 기본적인 가치에 초점을 둔다. 미국의 심리학자 샬롬 슈워츠Shalom Schwartz는 1992년에 연구자 11명과 함께 20개 나라의 사람들을 대상으로 설문을 진행하여 매우 생생한 가치 체계를 개발했다.[5] 2012년에 원래 10개 항목이었던 것이 지금은 19개로 늘어났다.

1. 자기 생각 결정: 자신의 생각과 능력을 발전시킴
2. 자기 행동 결정: 자신의 행동에 대한 독립성
3. 자극: 새로운 도전과 경험을 위한 노력
4. 쾌락: 감각의 즐거움과 쾌락
5. 성취: 각자의 기준에 따른 성공
6. 권력: 패권, 지배, 영향력을 위한 분투

7. 자원 관리: 물질 및 재정적 자원의 처분

8. 존중: 자신의 이미지를 유지하고 굴욕을 피하는 것

9. 안전: 주변 환경과 관계의 안정성

10. 사회 보장: 정치와 집단의 안정

11. 전통: 가족, 문화, 종교적 관습 유지

12. 규칙 준수: 법률, 규칙 및 의무 준수

13. 타인과의 조화: 타인과 잘 지내는 것

14. 겸손: 자신의 중요성을 균형감 있게 고려하는 것

15. 배려와 자비: 사랑하는 사람들의 행복을 위한 태도

16. 신뢰성: 특정 그룹의 신뢰할 수 있는 구성원

17. 총체적 사회적 관점: 모든 사람의 평등, 정의 보호를 위한
    헌신

18. 보존: 자연환경 보호

19. 관용: 차이에 대한 인정


인간의 경험과 행동을 다루는 심리학에서는 개인의 가치와 상황의 가치(사회적 환경) 사이의 연관성을 설명한다. 삶의 중요한 문제의 판단 기준이 되는 이 두 가치는 개개인에게 중요하고 도덕적으로 옳고 소중한 것을 나타낸다. 따라서 가치는 삶과 사물, 사상, 이념, 행동, 태도에 대한 명확한 수용과 긍정적인 평가를 의미한다. 동시에 이는 우리에게 주변 사람들이나 환경과의 관계를 어떻게 형성할지에 대한 관념을 제공하는 틀이기도 하다.

## 자존감과
## 존중의 관계

자존감은 존중이라는 주제에서 매우 특별한 위치를 차지하고 있다. 우리는 자존감을 통해 우리 자신에게 부여하는 평가를 확인한다. 자신에 대한 평가는 자신의 인격에 대한 인정과 불인정이라는 양극에서 움직이며, 긍정적일 수도 부정적일 수도 있다. 자존감은 자신에 대한 감각과 부모에게 받은 평가의 기억 그리고 사회 환경의 반응과 관련이 매우 깊다. 심리 치료 분야에서는 '자존감의 4대 축'에 대해 이야기하는데, 여기에는 자신을 있는 그대로 받아들이는 자기 수용, 자신의 능력을 바탕으로 쌓아 올린 자신감, 적절하게 의사소통할 수 있는 사회적 역량, 다른 사람에게 의지할 수 있는 사회적 네트워크가 포함된다.

자존감은 높기도 낮기도 하고, 안정적이거나 불안정할 수 있으며, 건실할 수도 취약할 수도 있다. 심리학에서는 또한 무의식적인 감정에 기반을 둔 '암묵적인' 자존감과 '명시적인' 자존감을 구별한다. 게다가 자존감은 외모나 타인의 인정, 학업 우수성 같은 특정한 목표와 관련될 수 있다. 또한 개별적인 목표의 성취에 크게 의존하는 '의존적' 자존감도 있다. 이와 반대로, 비의존적인 자존감은 그러한 조건과는 거의 관련이 없다.

## 우리 자신의 모습

자아개념은 자존감과 밀접한 관련이 있지만 달리 구별되어야 한다. 자존감은 자신의 이미지에 대한 감정적 평가와 관련이 있지만, 자아개념은 인지적 요소, 즉 성공한 여성 사업가나 훌륭한 예술가와 같이 우리 자신에 대한 이미지를 가리킨다. 외부에서 이 개념을 문제 삼으면 내적인 갈등과 위기가 발생한다.

### 방향 상실

52세의 여성 이사벨라는 지나친 음주로 최근 간경화 진단을 받았다. 신체적으로 건강했고 정신적으로도 비교적 안정되어 있었지만, 지난 3년 동안 폭음을 해온 탓이다. 이사벨라는 고등 교육을 받았고 전문적인 직업을 갖고자 했다. 하지만 결혼 후 첫 아이를 갖고 나서 상황이 달라졌다. 그녀는 아이들과 가족을 돌보는 일을 간절히 원했다. 사회 분위기가 일하는 여성이 늘어나는 추세임에도 불구하고 이사벨라는 '가족 지킴이'이라는 존재로서 자신의 역할에 만족했다. 하지만 아이들이 성장하여 집을 떠나자 그녀는 깊은 공허감에 빠져버렸다. 남편은 새로운 사업을 시작했고 성과를 내며 성취감을 얻고 있었으나 부부 생활에는 거의 신경 쓰지 않았다.

'빈 둥지'는 그녀에게 안팎으로 감옥이 되었다. 지루함과 무의미함, 회의와 방향 상실의 느낌은 이사벨라를 점점 더 우울하게 만들었다. 그녀는 예전 같으면 말도 섞지 않았을 지역의 몇몇 여성들과 인연을 맺게 되었다. 이들은 오전부터 만나 화이트 와인이나 스파클링 와인 같은 술을 마셨고, 이사벨라는 모임에서 비용을 지급했다. 이사벨라는 이들과의 모임에서 편안함을 느꼈고, 자신의 이야기를 할 수 있었으며, 흥미롭게 이야기를 들어주는 귀를 발견하게 되었다. 그녀는 어느 순간 자존감이 올라가는 것을 느꼈다. 그 후 술이 주는 진정 효과, 기분 향상, 자존감 상승의 효과를 더 이상 느끼기 어려워지자 이사벨라는 독주를 마시기 시작했고 점점 혼자 마시는 술이 늘어나기 시작했다. 이는 결국 생명을 위협하는 질병으로 이어졌다.

이사벨라의 이야기는 '가족 지킴이'라는 자아개념이 변화된 새로운 환경에 맞게 바뀌거나 적응하지 못할 때 자존감이 얼마나 흔들릴 수 있는지를 여실히 보여준다.

## 있는 그대로 자신을 믿고 받아들이기

자존감이 최적화된 상태란 그것이 지나치거나 미미하지 않고 건강하고 깊숙이 뿌리내린 상태를 말한다. 더불어 중요한 것은 자신의 단점을 포함하여 자아를 받아들이는 것이다. 최적의 자존감을 가진 사람은 실패에 좌절하지 않고 누구에게나 일어날 수 있는 실수 혹은 자신의 인격을 다질 수 있는 경험으로 받아들인다. 무엇보다도 자신감은 자신의 능력을 믿는 것에서 온다. 자신의 능력을 확신하면 할수록 자신감은 강해지고, 낮게 평가하면 할수록 자신감은 더 낮아진다. 그렇게 이뤄진 자기 평가는 안정적이고 지속적인 성격이 된다. 그렇지만 자존감이 변하지 않는 것은 아니다. 오히려 지나치게 낮은 자존감을 높이거나 너무 높은 자존감을 교정함으로써 신경증이나 나르시시즘 장애에 긍정적인 영향을 미치는 것이 오늘날 심리 치료의 주요 분야이기도 하다.

## 집단이 주는 가치

개인적인 자존감 외에도, 집단이나 모임이 가지는 가치도 있다. 이 가치는 주로 공통의 관심사나 목표를 통해 형성되지만, 정치나 종교 공동체 혹은 스포츠 클럽의 일원으로서의 소속감을 통해서도 작동한다. 그런데 아래의 옌스 이야기에서 볼 수 있는 것처럼 소속감을 통한 자기 가치 향상이 치명적인 결과를 가져올 수도 있다.

### 집단의 힘을 등에 업다

친구들과 함께 길을 지나가는 사람에게 잔인한 공격을 가했던 청년 옌스에 대한 정신 검사는 놀라운 결과를 보여주었다. 그날 이들 무리는 몇몇 술집을 전전하며 많은 양의 술을 마셨다. 기차역으로 가는 길에, 그들 중 한 명이 지나가는 젊은이와 몸이 부딪혔다. 넘어진 청년이 비명을 지르며 쓰러지자 일행은 힘없는 희생자에게 달려들었다. 주먹질과 발길질로 공격하고 숨이 끊어진 몸에 침을 뱉고 그 자리를 떴던 일행은 결국 나중에 붙잡혀 기소당했다. 그중 공격의 선봉에 섰던 청년이 옌스였다. 그는 청소년 문제에 관한 연구 대상으로 조사를 받게 되었다. 여러 자료와 언론 보도에서 그는 특히 잔인한 행동을 서슴지 않는 인물이었다. 나는 그가 공격적이고 중독에 빠진 반사회적 인물일 것이라 예상했다. 하지만 예상은 빗나갔다. 뜻밖에도 부끄러움이 많고 예민해 보이는 16세의 소년이 눈물을 흘리면서 앉아 있었다. 그는 여전히 어린 티를 벗지 못한, 열등감과 낮은 자존감으로 가득 찬 아이였다.

옌스는 참담한 가정환경 속에서 성장했다. 학교 성적은 평균 이하였으며, 사춘기가 늦게 시작되었기 때문에 또래들에게 많은 놀림을 받았다. 후에 옌스는 비행 청소년 그룹에 가입했다. 이 집단에서 그는 자신이 거부감 없이 받아들여지고 인정받는다고 느꼈다. 이곳에서 옌스는 의심받지 않았고 자신이 안전하고 강하다고 느꼈고 자신의 힘을 증명할 수도 있었다. 그는 이곳에서 특별한 사람이란 느낌을 받았다. 집단의 힘이 그를 강하게 만들었다. 술의 힘을 빌려서 그는 다른 사람들에게 자신의 남성성을 보여주고 싶었고, 자신이 그 집단의 일원이 된 것이 정당하다는 것을 증명해 보이고 싶었다. 인정과 존경을 원했던 그는 이를 위해 다른 사람의 가치를 깔아뭉개고 희생자로 만들었다.

소속감을 통해 자기 가치가 향상되는 효과는 물론 옌스의 사례처럼 부정적인 경우보다 긍정적인 경우가 더 많다. 예를 들어 축구팀에서는 훈련을 통해서 구성원들이 하나로 뭉치고 노력의 가치가 성공을 통해 확인된다.

## 존중의 파종과 수확

여기서 앞서 언급했던 중요한 연결고리가 등장하는데 다름 아닌 자존감의 개인적 측면과 사회적 측면의 연결이다. 긍정적인 자존감을 가진 사람만이 다른 사람을 존중하고 인정할 수 있으며, 이러한 존중의 태도가 역으로 자신감과 안정감을 준다. 즉, 존중의 행동 밑바탕에는 자신감과 자부심 그리고 어느 정도의 당당함이 필요하다. 단도직입적으로 말해보자. 존중받는 사람은 무엇보다도 자신이 다른 사람을 존중하는 태도로 인해 존중을 받는 것이다. 그러니까 다른 사람에게 보여주는 존중이 우리 자신의 가치를 증가시킨다고 보기는 어렵다. 오히려 능동적인 존중은 대개 긍정적인 피드백과 연관되어 있고, 이는 다시 자부심Selbstbewusstsein을 증가시키기 때문이라고 할 수 있다. 캐나다의 심리학 교수 미리암 몽그레인Myriam Mongrain이 이끄는 연구팀은 심리 치료학 분야에서도 잘 알려진 이 효과를 과학적으로 입증하였고,[6] 이는 잠언가 피터 헤나치Peter Henatsch의 "존중의 경험과 베풂은 마치 파종과 수확처럼 서로 연결되어 있다"라는 유명한 문장이 확인시켜준다.

# 자존감 관리는
# 평생의 과제

우리는 모두 자존감을 가능한 한 높게 유지하고자 하는 자연스러운 욕구가 있다. 이는 자존감을 안정시키거나 보존하는 모든 행동을 포함하는, 소위 '자존감 관리'를 통해 주로 이루어진다. 새로운 경험을 할 때 우리는 스트레스와 위기만큼이나 자존감에 대한 관리가 필요하다. 자존감은 때로 우리가 수호해야 하고 자주 보호해야 하며 끊임없이 개발해야 한다. 꾸준히 자기 관찰과 함께 타인과의 비교가 필요하다. 주변의 반응이 긍정적이고 고무적인지, 아니면 비판적이고 경멸적이며 의욕을 꺾는 것인지도 중요한 부분이다. 자존감을 안정시키는 것은 평생에 걸친 과제다. 그리고 이는 끊임없는 정신적인 노동이 필요한 일이기도 하다.

## 자존감의 나선이 통제를 벗어날 때

많은 사람이 자존감을 관리하는 능력을 두려움으로 인해 억누르며 살고 있다. 그런데 이 능력은 개발될 수 있는 것이다. 유명한 신경정신과 의사 헤르비히 숄츠Herwig Scholz는 자존감 관리의 명확한 모델을 개발했다. 그는 성과에 집착하고 양심적이며 이타적이고 친절한 사람들이 더 자주 우울증, 불안 장애, 심신 장애 증세를 겪는다는 것에서 이 모델을 착안했다. 그는 이것을 인정, 존중, 사랑을 위한 끊임없는 헛된 투쟁 때문이라고 본다.

주변 사람들이 긍정적인 반응을 보이지 않을 때, 그 사람은 더 큰 노력과 무리한 개입을 통해 잃어버렸거나 원래 낮았던 자존감을 회복하려고 노력한다. 이는 그 사람에겐 끊임없는 스트레스를 의미하며, 생물학적으로 피로감을 불러일으키고 이는 다시 우울증과 불안 장애, 심신 장애로 이어질 수 있다. 숄츠에 따르면, 이런 영향에 지배되는 사람은 스트레스와 갈등, 모욕과 비하의 상황에서 자신을 지나치게 낮추고 남에게 맞춤으로써 자신의 자존감을 떨어뜨리고, 이는 결과적으로 다시 불안을 유발한다. 자기 불안감 때문에 주변 환경에 지나치게 적응하고 타인의 의견에 발맞추어 자기만의 의견을 스스로 포기하는 것이다. 이러한 성격 특성을 '의존성'이라고 한다. 높은 도덕적 기준과 결백한 양심, 강한 초자아를 가진 사람들은 특히 의존성의 지배될 위험이 있고 정신적 장애나 질환에 취약할 수 있다.

이 같은 정신적 통제 요소에 지배된 사람은 자신을 존중해주지 않는 주변 사람들에게 느끼는 공격성을 표현할 수도 없다. 그리하여 억제된 공격성은 자신에게 향하게 마련이며, 이는 자존감에 대한 회의로 이어지고 자기 이미지 악화로 연결되며 나아가 죄책감과 자해로 귀결되기도 한다.

자기 가치를 의심하거나 자기 이미지가 악화되면 죄책감과 때로는 자해를 불러일으키기도 한다. 두려움으로 인한 지나친 환경 적응은 자기 비하 메커니즘이 작동하는 것과 더불어 지나친 자기 보상 심리가 생기기도 한다. 일종의 '직진 본능'의 태도인데, 이들은 지배적이고 과도한 활동성 그리고 자신의 능력에 대한 과신을 통해 자존감을 높이려 한다. 지속적인 스트레스와 결합한 이러한 행동은 주로 주변 환경과 갈등을 일으키기 쉬우며 필연적인 패배로 이어져 결국 자존감을 더욱 갉아먹는다.

---

### 초자아 Über-Ich

지크문트 프로이트가 개발한 인간 정신의 모델에 따르면 초자아는 양심과 도덕, 사회 규범, 가치관이 자리 잡은 구조라고 볼 수 있다. 본능을 나타내는 이드Es의 반대편으로 본질적으로 성장 과정을 통해 형성된 초자아는 사회적으로 정의로운 행동을 이끄는 요소이기도 하다. 프로이트 모델의 세 번째는 에고Ich다. 에고는 이드와 초자아와 함께 현실을 중재하는 역할을 한다.

---

## 자신만의 자원과 장점에 기대기

치료 방법과 대안으로, 숄츠는 이러한 정신적 메커니즘을 명확하게 분석하고 이해하는 것 외에도 내 안의 건강한 부분들, 종종 의식하지 못하고 있는 나만의 능력과 재원에 집중해보라고 권유한다. 소소하나마 내면의 태도를 바꾸고 자기 인식에도 변화를 주어야 한다. 숄츠는 이를 위해 자체 설명서를 개발했다.[7] 진정제나 항우울제 사용만으로는 어떤 도움도 기대하기 어렵다.

여기서 자존감 관리는 존중의 태도를 갖기 위해 매우 중요한 부분이다. 자존감이 높은지 낮은지뿐만 아니라, 그 사람만의 능력

과 재원이나 자기 관리 능력이 어떠한지도 중요하다. 자기 가치와
자신감을 향상하기 위한 치유의 노력은 그러므로 우선 자존감을
관리하는 능력에서 시작되어야 한다.


## 존중은
## 우리의 보물

우리 삶에서 존중의 바람직한 형태는 특정한 순간에만 사용
되는 것이 아니라 한 사람의 태도와 사회적 분위기의 일부가 되는
것이다. 심리학에서 태도란 특정한 사람이나 사회적 집단, 혹은
특정한 상황과 생각에 대해 특정한 판단 방식으로 대응하려는 경
험적 의지를 일컫는다. 이는 그 사람의 추정과 믿음, 느낌과 감정
그리고 전반적인 행동으로 표현된다.

더 오래된 고전적인 정의에 따르면, 태도는 경험 때문에 구조
화되고 개인의 반응을 통제하고 영향을 미치는 심리적·신경학적
상태를 말한다. 그러므로 태도는 우리의 경험을 바탕으로 형성되
며 그 자체가 나에 대한 평가의 바탕이 된다. 이는 긍정적일 수도
부정적일 수도 혹은 중립적일 수도 있다.


태도는 성격의 일부로서 인간의 본질을 결정한다.

앞서 말했듯이, 존중이라는 단어는 그 자체에 '가치'라는 의미뿐 아니라 '평가' 또는 '보물'이라는 의미도 포함하고 있다. 그게 무슨 뜻일까? 존중이 실제로 보물만큼 가치가 있고 높이 평가된다는 의미일까? 아니면 존중이 노력해서 얻는 보물과 같은 가치가 있다는 걸 표현하기 위해서일까?

어쨌든 보물은 매우 가치 있는 것이다. 한 사람이 긍정과 공감, 신중함과 마음챙김, 관용과 배려가 담긴 태도를 보이고 있다면 우리는 그가 존중의 태도를 가졌다고 할 수 있다. 또한 존중이 주변 사람들에게 좋은 영향을 주고 사회적 분위기를 향상시키며 자신의 태도에도 긍정적 영향을 미친다면, 그것 자체가 보물과도 같이 소중한, 우리가 지켜야 할 그 무엇이 될 것이다.

# 5장

# 존중을 이루는
# 일곱 가지 단계

"기본적으로 삶에 가치를

부여하는 것은

사람들과의 관계다."


빌헬름 폰 훔볼트
Wilhelm von Humboldt

지금까지 존중의 개념에 관해 많은 이야기를 했다. 그럼 정확하게 존중이란 무엇일까? 여러분은 존중을 어떻게 정의하고 있는가? 인간의 어떤 감정이나 기본적인 욕구, 특별한 가치 혹은 마음가짐일까? 어쨌든 이를 정확하게 정의하는 건 쉬운 일이 아니다. 그 이유는 아마도 우리가 이 용어를 너무 쉽게 사용하거나, 평소 존중의 행동이 무엇인지 거의 생각하지 않거나, 오늘날 존중의 태도가 그 가치를 잃었기 때문이다.

일반적으로 존중은 칭찬과 인정, 관심과 존경, 자애와 친근함과 동일시된다. 또한 우리는 흔히 존중을 말할 때, 대인 관계에 필수 불가결한 요소로서 타인에 대한 긍정적인 평가를 생각한다. 그 중에서도 특히 존중의 표현과 태도에 초점을 둔다.

존중을 좀 더 깊이 이해하려면 존중 그 자체와 존중의 태도를 구별할 필요가 있다. 존중은 다양한 예비 단계로 구성되며, 의미 자체를 넘어서는 두 가지 특별한 태도가 있다. 존중의 전제 조건은 높은 수준의 공감력을 가지고, 인간과 자연의 존엄성을 마음 깊이 이해하는 것이다. 그러한 기본 태도를 기반으로 존중은 한 사람의 성격으로서 그 사람의 내면에 자리 잡는다.

존중이라는 개념을 좀 더 살펴보면, 그것은 배려와 관심을 기반으로 하며 인정이나 존경뿐만 아니라 마음챙김까지도 포함한다. 특별한 경우, 존중은 그 자체를 넘어서는 두 가지 감정으로 이어지는데, 이는 바로 신뢰와 사랑이다. 그러나 이 두 가지 특별한 형태의 존중에는 많은 요건이 필요하며, 오직 선택된 소수의 사람만이 이를 보여줄 수 있다. 신뢰에도 신뢰의 이면에는 위험이 숨어 있을 수 있으며, 온전히 충만한 사랑을 가진 이는 거의 성자밖에 없기 때문이다.

사랑Liebe

신뢰Vertrauen

존중Wertschätzung

인정Anerkennung

존경/주의Respekt/Achtung

마음챙김Achtsamkeit

배려/관심Aufmerksamkeit/Beachtung

위의 피라미드를 보면 존중은 가운데에 위치하고 그 꼭대기에는 사랑이 있다. 존중의 예비 단계는 일곱 가지로 나뉘고, 각 단계마다 전제 조건이나 기본 조건이 필요하다.


## 깊은 대인 관계 만들기 :
## 배려와 관심

존중은 언제나 우리 주변의 모든 것들에 대한 배려를 기반으로 한다. 특히 중요한 것은 저마다 다른 성격, 감정, 욕구를 가진 인간에 대한 배려다. 배려의 일반적인 정의는 "주위의 다양한 자극에서 개별적인 자극 혹은 자극의 측면을 선택하여 우선권을 부여하는 동시에 다른 요소는 무시하고 억압하는" 신경 심리학적 능력인데, 실제로는 이 정의를 넘어선다. 배려는 무엇보다 열린 마음과 관심 그리고 타인에 대한 공감에 기초한다.

인간은 관심을 원한다. 인간은 누구나 타인이 나를 사려 깊게 대하지 않거나 소홀히 대하면 불쾌감을 느낀다. 우리가 얼마나 많이 타인에게 배려와 관심을 요구하고 그 가치를 중요하게 생각하는지는 "정말 사려 깊으시군요!"이라든지 "많은 배려에 감사드려요!"와 같은 일상 표현에서도 알 수 있다. 배려와 관심을 얻기 위해 안간힘을 쓰는 사람들도 있다. 이들은 뜬금없이 배려의 말을 툭 던지거나, 평소와 다르게 특이한 옷차림이나 치장을 해서 관심을 끌기도 한다. 이 모든 것의 이면에는 주목받고 관심받고 가치 있는 사람으로 인정받고 궁극적으로 사랑받고자 하는 욕망이 숨어 있다. 반면에, 배려와 관심의 결핍은 다음의 요하네스의 경우처럼 치명적인 결과를 낳을 수 있다.

## 사라지는 것이 두려워요

공장 기계가 작동하는 중에 바닥에 쓰러진 51세의 노동자를 위해 응급 구조대가 출동했다. 요하네스는 공황 발작의 전형적인 증상, 즉 온몸이 떨리고 숨쉬기가 힘들며 가슴에 심한 압박 통증을 느꼈다. 그가 힘겹게 내뱉은 말에는 죽음의 공포에 대한 두려움이 가득 묻어 있었다. 회사에서 32년간 근무한 이 독신남의 신체검사 결과, 고혈압과 심장부정맥 이상이 감지되는 것 이외에는 별다른 이상이 없는 것으로 나타났다.

심리 상담에서 요하네스는 삶의 무의미함과 공허함에 대해 많은 말을 했다. 항상 최선을 다해 열심히 일했고 늘 부지런하고 신뢰할 만한 행동을 해왔지만, 그는 어떤 칭찬도 인정도 받지 못했다. 그의 노력과 헌신에 주목하는 이는 아무도 없었으며 회사는 그저 당연하게 받아들였다. 아무도 그에게 관심을 기울이지 않았다. 누구도 그가 어떻게 지내는지, 무슨 생각을 하는지 묻지 않았다. 시간이 지날수록 요하네스는 자신이 회사에서 거의 쓸모없는 사람이 되어가고 있다고 느꼈다. 그러면서 느닷없이 자신이 존재할 이유가 없으며, 쥐도 새도 모르게 사라질 것이라는 두려움과 불안감이 생겨났다. 공포와 전멸의 감정이 그를 짓눌렀다.

배려는 자신의 내부(감정과 욕구)를 향한 것이기도 하고, 외부(타인이나 사건 혹은 대상)에도 향할 수 있다. 다른 관점을 이해할 수 있고 타인의 정신 공간을 오갈 수 있는 사람만이 배려심 많고 자애로운 소통을 하는 동료가 될 수 있다. 배려는 대인 관계에 깊이를 주고 감정을 강화하며 궁극적으로는 관계의 의미를 더하도록 도움을 준다.

## 자기 내면 들여다보기 :
## 마음챙김

요즘 많은 사람의 입에 오르내리고 있는 마음챙김은 배려보다 한 단계 높은 존중의 기본 요건 중 하나다. 마음챙김은 지난 수년간 심리 치료에서 뜨거운 주제이기도 했다. 지금 이 순간의 강렬한 감정을 인지하는 데 중심을 두는 마음챙김이라는 주제에 대한 심리학적·교육학적·신경과학적 연구는 점점 더 큰 주목을 받고 있다. 이는 존중의 중요성에 대한 주요한 통찰력을 제공하기도 했다.

## 특별한 형태의 배려

마음챙김은 의식적으로 현재 순간에 주의를 기울이는 것으로 정의할 수 있다. 자신의 감정과 생각을 긴밀하게 자각함으로써 그로부터 자신을 분리하고 지금 여기에 대한 편견과 가치판단에서 자유로운 시선을 가지는 것이다. "세상에는 단 하나의 중요한 시간이 있을 뿐이라는 것을 기억하라. 오늘, 여기, 지금." 러시아 작가 톨스토이Leo Tolstoy는 훗날 심리 치료의 토대가 되는 내용을 위와 같이 요약했다.

마음챙김은 자신에 대한 수용적 태도이자 자신을 총체적으로 받아들이는 태도이며, 우리의 내면에 집중하는 형태의 배려이기도 하다. 우리는 끊임없이 변화하는 감정과 생각을 들여다봄으로써 자신의 내면을 인식하게 된다. 그리고 이를 다른 사람이나 상황에 대입할 수 있다. 이는 매우 중요한 것이다. 하지만 우리는 대부분 위기, 질병, 죽음 등의 극단적인 상황 앞에 이르러서야 비로소 진정한 마음챙김의 상태에 도달하곤 한다.

## 불교, 기독교, 심리학에서의 마음챙김

마음챙김의 개념은 원래 불교에서 나왔는데, 불교는 이를 '모든 인식에 대한 가치 중립적인 관찰'로 보았으며 우리 삶의 네 가지 측면, 즉 신체적 감각, 감정적 반응, 다양한 인식들 그리고 자연과의 조우에서 실천할 것을 권유한다. 불교의 창시자인 싯다르타 고타마Siddharta Gautama는 마음챙김의 본질을 다음과 같이 묘사한다. "보이는 것은 보고, 들리는 것은 듣고, 세 가지 신체 감각을 통해 느끼는 것은 오직 그렇게 느끼고, 궁극적으로 있는 그대로 인식해야 한다."

마음챙김은 불교 명상 수행의 기초일 뿐만 아니라 서양의 신비주의 사상과도 매우 관련이 깊다. 마이스터 에크하르트Meister Eckhart와 힐데가르트 폰 빙엔Hildegard von Bingen과 같은 신비주의자들은 집중적인 명상을 통해 신에게 자신을 열어젖히라고 권유했다. '명상'이라는 단어를 말 그대로 풀이하면 '집중해서 바라봄'이라는 뜻으로 영적 사고에 대해 깊은 성찰을 할 수 있게 한다. 초기 기독교 이래로, 명상은 종교 생활의 핵심 요소로 여겨졌으며, 특히 가톨릭과 정교 수도회에 강하게 뿌리내려 왔다.

불교적 의미에서의 마음챙김은 모든 감정에 대한 수동적이고 가치 중립적인 관찰을 강조하는 반면, 심리학에서는 감정과 반응 사이의 의식적인 멈춤을 목표로 한다. 이는 자신의 욕망을 깨우치게 하고 인식의 왜곡을 알아채며 방어 메커니즘을 밝혀내는 데 필요한 것이다. 이런 종류의 마음챙김을 통해 우리는 자신의 관점을 더 쉽게 바꾸어보고 타인의 관점을 받아들일 수 있다. 마음챙김 연구자인 니나 부흐헬트Nina Buchheld는 마음챙김을 구성하는 네 가지 개별 요인을 다음과 같이 제시한다.

1. 순간의 경험에 참여하기 위해 자신의 몸에 집중하기
2. 자신을 온전히 받아들이기 위해 감정과 생각을 판단하지

않고 열린 자세로 수용하기

3. 자신이 얻은 경험을 다른 사람에게 전달할 수 있도록 부정
   적인 감정도 총체적인 견지에서 받아들이기
4. 감정과 생각의 과정 그리고 의도를 이해하기 위해 자신의
   내면을 알아채기

마음챙김은 내면의 세계로 관심을 기울이는 자기 인식 그리
고 자기 성찰과 밀접한 관련이 있다. 자기 인식이 자신의 평가, 기
분, 태도에 초점을 맞춘다면, 자기 성찰은 특정한 경험에 대한 자
신의 반응을 되새겨보는 것을 의미한다. 이들은 일종의 내적 학습
과정의 하나로서, 새로운 경험들 속에서 자신의 행동을 바꿔나갈
수 있도록 자기를 성찰하는 과정을 통해 자신의 다양한 문제를 분
석하게 한다. 그러므로 정신분석학에서 마음챙김은 억압이나 부
정과는 반대 방향으로 작동한다.

마음챙김을 하지 않는다면 우리는 주변 동료들의 다양한
측면을 파악할 수 없으므로 그들을 이해하는 것도 불가능
해진다.

마음챙김의 반대편에는 생각 없음과 마음놓침Unachtsamkeit이
있다. 마음놓침은 대안적 관점을 취하지 않거나 새로운 통찰력을
허용하지 않는 것이나 다름없으므로 존중과 연결될 수 없다. 마음

놓침은 타인의 감정 마주 보기를 피하기 위한 보호 메커니즘으로 해석할 수 있을 것이다.

생각 없음과 마음놓침은 둘 다 능동적인 마음챙김보다는 직관적인 요소가 강하다. 우리 시대의 존중 위기는 스트레스와 지나친 자극에 시달리는 세상이 빚어낸 마음놓침의 현상에서 비롯됐다고 할 수도 있다. 아무튼 마음챙김이 부족하면 진정한 존중은 불가능하다.


## 타인의 가치 존중하기 :
## 존경과 주의


존경은 '가치를 존중하여 고려하는 것'으로 정의할 수 있는 존중의 부분 집합이다. 존경Respect은 되돌아봄이란 뜻의 라틴어 '레스펙티오respectio'에서 유래했다. '되돌아본다'는 행위는 언뜻 보기에 덧없고 피상적으로 보이는 특성을 바로잡기 위해 대상을 새로운 눈으로 보고 정밀하게 관찰하는 것을 말한다. 처음 평가에 대한 비판적인 되돌아봄을 거친 후에, 우리는 비로소 존중을 바탕으로 한 판단을 할 수 있다는 것이다.

존경은 일반적으로 인간의 존엄성, 개인의 특성 또는 사람의 권리와 가치, 한 개인의 목표와 인생 계획 전반을 아우른다. 존경을 통해 우리는 타인이나 타 집단, 국가와 제도, 종교와 문화 혹은 자연현상이나 특정한 사건에 새롭게 다가갈 수 있다. 상대에 대한 존경은 인정의 다른 표현이기도 하지만, 또한 타인에 대한 경계나 권위에 대한 두려움이기도 하다. 함부르크 대학의 연구소에서 발표한 다소 장황한 존경의 정의는 다음과 같다. "타인에 대한 한 사람의 태도인데, 이를 통해 그가 상대에게 보이는 태도의 이유를 인정하고, 그 자체로 상대에게 관심을 기울이는 것을 정당화하며, 상대의 가치가 존중받는 느낌을 받을 수 있게 하는 것."[8]

존경은 항상 관용을 전제로 한다. 즉, 낯선 믿음과 가치관 또는 낯선 삶의 방식을 용인하는 것이다. 자신의 인식을 바꾸려는 의지와 자기 성찰이 없이는, 자신의 감정을 통제하려는 노력과 배려, 마음챙김이 없이는 존경의 태도는 절대로 가능하지 않다.

### 여러 형태의 존경

최근 연구에서는 존경을 두 가지로 나누어 구분한다.

- 인정을 전제로 한 존경은 인간적인 존중이다. 그리하여 상대에 대한 존경을 상대화시키거나 격하시키지 않는다. 원칙적으로 존경을 표하는 사람은 다른 사람의 성취나 다른 문화를 의무적으로 인정하는 태도를 갖는다.

- 존중을 전제로 한 존경은 타인에 대한 긍정적인 태도를 그 특징으로 한다. 인정 존경과는 달리 여기서는 차별화가 가능하다. 다시 말해 어떤 사람을 다소나마 더 가치 있게 여길 수

있다. 따라서 이를 판단 존경이라 부르기도 한다.

심리학에서는 단지 지위나 성취로 인하여 받는 존경을 가리켜 '지위에 따른 존경'이라는 표현을 사용하기도 한다. 제도적 존경은 이와 많은 유사성을 보여주는데, 이는 사람 그 자체가 아닌 그 배후에 있는 제도(조직, 정당, 교회 등)를 존경하고 우러러보는 태도를 일컫는다. 이 제도에 대한 존경은 적어도 1968년 혁명 이후로는 꾸준히 감소하고 있다.

경건함과 경외심은 존경의 특별한 형태다. 경건함은 원래 신과 인간에 대한 충실한 태도를 가리켰다. 하지만 오늘날에는 주로 죽음과 죽은 이에게 보이는 행동으로 표현된다. 경건하지 못한 행동은 도덕적 가치나 개인적 가치를 심각하게 침해하기 때문에 특히 비난받아야 할 것으로 여겨진다. 종종 금기를 깨뜨리고 도발적인 인종 모욕을 가하는 불손한 자들이 등장해 눈살을 찌푸리게 한다. 대표적으로 무덤을 훼손하는 행동이나《괴팅거 타게블라트》와 같은 일간지 기사에 등장하는 이슬람 사원에 대한 도발적 표현들이 이에 속한다.

## 경건하지 못한 도발

괴팅겐에 위치한 이슬람 사원에 이슬람 혐오 낙서를 새긴 사건이 일어난 뒤에 독일터키이슬람종교연맹Ditib 이사회는 이에 대한 우려를 표명했다. 괴팅겐의 모슬렘들은 외국인 혐오와 반이슬람적 분위기가 점점 확산되는 것에 불안해하고 있다. 이들의 발표에 따르면, 잘려나간 피투성이 돼지머리와 함께 나치 문양이 현장에 남아 있었다고 한다. 과거에는 이슬람 사원에 돌을 던지거나 협박 편지를 보내는 일뿐만 아니라 사원 정문에 나치 문양을 긁어서 새기기도 했다. 현재 사원 문 앞에 CCTV가 설치된 것도 그 때문이다. 공동체는 통합의 과정을 진전시키고 편견 없이 함께 살아가기 위해 서로를 이해하기 위한 노력을 시작했다.

가장 고귀한 감정 중 하나로 여겨지는 경외심은 종교 영역에서 볼 수 있다. 두려움과 관련이 있는 이러한 숭배는 신적·영적 권능을 가진 숭고한 대상을 향한 것이며 또한 과학, 예술, 교회, 국가 등이 그 대상이 되기도 한다.

경외심의 중요성은 종교, 과학, 문학 작품에서도 다양하게 표현되어 있다. 십계명에는 "네 아버지와 어머니를 공경하라……" 가 등장하는데, 여기서 공경은 바로 경외심의 의미로 해석할 수 있다. 코란에는 다음과 같은 구절이 등장한다. "그들의 육체는 알라에게 닿지 않고, 그들의 피도 닿지 않지만, 모든 경외심이 알라에게 가닿을 것이다." 위대한 작가였던 괴테는 세계의 중심축으로서 자연과 인간 그리고 신에게 경외심을 품었다. 심지어 아인슈타인처럼 이성적인 논리를 앞세우는 과학자조차도 이런 말을 남겼다. "삶에서 놀라움과 경외심을 찾지 못하는 사람은 이미 정신적으로 죽은 사람이다."

## 대인 관계에서의 존경

대인 관계에서 존경은 예측할 수 없는 행동을 줄이고, 세심한 소통의 장을 이루며, 주는 것과 받는 것 사이의 균형을 만들어낸다. 하지만 만약 누군가가 자신에 대한 존경을 요구한다면, 그것은 나름의 목적을 가진 것으로 볼 수 있다. 이 경우에 존경은 자기 보호나 자신의 힘을 강화하는 역할을 하는 것이다.

사람들 사이의 대화에서 존경을 바로 드러내거나 요구하는 경우는 별로 없다. 그러기에 사람들은 존경을 드러내는 데 너무 많은 존경심을 가지고 있다. 오히려 존경심은 대인 관계에서 간접적으로 가깝고 먼 사이를 조율하는 방식으로 표현되기 일쑤다. 무례함과 노골적인 표현을 피하는 방법으로 존경의 표현과 애매한 존칭이 사용되기도 한다. 이는 동시에 자신의 취약함을 가리기 위한 수단이기도 하다. 굳이 직설적인 표현으로 위험을 감수할 필요는 없기 때문이다. 자신을 낮추는 언어 표현도 많이 활용되는 방식인데, 이는 '칭찬을 받기 위한 낚시질'로 이해할 수 있을 뿐 아니라 상대에게 존경을 표하기 위한 시도이기도 하다. 이로써 상대의 힘을 치켜세워주면서 동시에 자신의 체면과 통제력도 잃을 걱정을 하지 않아도 되는 것이다.

마지막으로, 의식儀式은 지나치게 개인적인 노출을 피할 수 있는 특별하면서도 경직된 형태의 존경이다. 고대에서부터 내려오는 전통적 규범에서 사용되는 십자가나 고개를 숙이는 절 같은 상징적 행동은 조상이나 관습, 국가나 종교에 존경을 표현하면서 동시에 지지대와 방향 추의 역할을 한다.

존경심의 부족은 흔히 청춘의 특권이라고 일컬어지며 독창성, 대담성, 용기로 보이기도 한다. 전통을 버리고 편견을 극복하며 신선하고 새로운 관점으로 바라보는 듯한 젊은이의 거침없는 행동을 드물지 않게 볼 수 있다. 하지만 무례한 행동은 종종 문제를 일으키고 갈등으로 이어지며 때로는 상대에게 상처와 적대감을 남기기도 한다. 무례함과 더불어 경멸과 원망은 존경의 반대편에 서 있다. 이는 순전히 파괴적인 태도에 속한다.


## 긍정의 동기 부여하기 :
## 인정

"인정이란 놀라운 것이다. 그것은 다른 사람의 뛰어난 점이 나에게도 있다는 의미다." 프랑스 철학자이자 작가인 볼테르 Voltaire의 이 말은 인정과 존중의 밀접한 관계를 잘 드러낸다. 하지만 인정은 좀 더 중립적이고 거리가 있는 반면, 존중은 더욱 긍정적이고 총체적인 의미가 있다. 인정은 존중보다는 더 개별적이고 특별한 상황에서의 태도라 할 수 있다. 가령 정치에서 경쟁자의 승리를 인정하거나 스포츠 경기에서 상대방의 활약을 인정한다고 해서 경쟁자를 존중한다는 의미는 아니다. 하지만 인정은 존중의 전제 조건이며 존중과 마찬가지로 기본적인 심리 욕구이기도 하다. 이는 자존감을 지켜주고 가족이나 학교, 직장 등에서 사람들과 함께 살아가는 데 기본이라고 할 수 있는 태도다. 인정이 부족하면 자존감이나 충성도가 낮아질 수 있고 건설적인 사회 과정에 참여할 많은 기회를 놓치게 된다.

인정은 중요한 긍정적 강화제로서 존중이나 배려, 존경과 같은 태도를 밑바탕에 깔고 있다.

철학자 요한 고틀리프 피히테Johann Gottlieb Fichte는 『자연법의 기초Grundlage des Naturrechts』에서 인정의 개념을 체계화했고, 그것의 이중 효과를 설명했다. "자유롭게 행동하도록 서로를 격려하고, 개인과 공동 의식을 위해 자신의 행동 영역을 제한하는 것을 통해 개별적 존재와 공동의 존재가 둘 다 모두 성장할 수 있다. 한쪽은 다른 쪽 없이는 존재할 수 없다."

부적응 행동을 적응적인 행동으로 바꿔주는 정신 요법인 '행동요법'에서 인정은 가장 강력한 강화 요인으로 간주된다. 감정 능력이나 감정 지능의 개념에서 인정은 '긍정적인 자극'으로 중심적인 역할을 한다. 이는 주변 사람에게 자신이 알아주고 있다는 신호를 담은 특정한 행동을 의미하는 것이다.

미국의 심리학자 스티븐 라이스Steven Reiss는 정신분석학적

이해를 바탕으로, 인정이라는 요소가 유아기 경험보다 한 인간의 인성과 행동을 더욱 잘 설명할 수 있는 삶의 근본적인 동기라고 본다. 라이스가 형식화한 보편적인 기본 욕구 중에서, 인정은 가장 앞부분을 차지하는 요소다.

- 인정: 비판과 거절을 피하고자 하는 욕구
- 관계: 접촉과 우정의 욕구
- 명예: 도덕적으로 통합된 방식으로 행동하고자 하는 욕구
- 에로스: 성에 대한 욕구
- 음식: 음식에 대한 욕구
- 가족: 자녀 교육에 대한 욕구
- 이상주의: 사회 정의에 대한 욕구
- 신체 활동: 운동에 대한 욕구
- 힘: 다른 사람을 이끌고 목표를 달성하고자 하는 욕구
- 호기심: 끊임없이 배우고자 하는 욕구
- 질서: 지원 및 구조에 대한 욕구
- 복수: 타인과의 경쟁에 대한 욕구
- 정서적 차분함: 안정에 대한 욕구
- 저장: 모으고 보존하고자 하는 욕구
- 지위: 명성에 대한 욕구
- 독립성: 자율성에 대한 욕구

한편, 인정의 중요성은 뇌 연구 결과에서도 입증됐다. "우리의 뇌는 인정을 갈망한다"고 독일 정신의학과 교수 요아힘 바우어Joachim Bauer는 말한다. 칭찬과 인정은 약물을 복용했을 때와 비슷한 현상으로 뇌에서 도파민 방출을 증가시킨다는 결과가 드러났다. 이는 긍정의 피드백이 가져다주는 소위 동기부여 시스템을 활성화하는 것이다.

인정은 우리 몸에서 자체적으로 생산되는 마약성 물질인 도파민과 '포옹 호르몬' 옥시토신을 동시에 증가시킴으로써 신체적으로 일종의 행복감을 만들어낸다.

## 사랑과 신뢰의 전제 조건 : 존중

피라미드의 다섯 번째에는 존중이 자리 잡고 있다. 이는 위에서 설명한 모든 요소가 존중에 포함된다는 의미다. 여러분이 주의 깊고 배려가 깊어서 다른 사람을 존경하고 인정한다면 여러분은 존중의 상호작용을 키워가고 있는 것이다. 이런 점에서 존중은 종착점을 형성하는 동시에 마지막 두 단계의 전제 조건이 되기도 한다. 다시 말해, 마지막 단계인 사랑과 신뢰는 존중 없이는 불가능하지만 한편으로 그것을 넘어선다. 우리는 동물과 자연뿐만 아니라 모든 인류에게 존중을 표할 수 있다. 반면 이미 언급했듯이, 신뢰와 사랑은 소수의 사람만이 가능하다.


## 건강과 만족을 주는 가치 :
## 신뢰


"한 사람에게 줄 수 있는 가장 큰 영광은 그 사람에게 신뢰를 보내는 것이다." 시인 마티아스 클라우디우스Matthias Claudius는 신뢰에 커다란 존경을 담아 말했다. 아마도 시인은 대인 관계에서 가장 높은 위치를 차지하고 있는 사랑을 다른 범주에 놓고 보기에, 신뢰를 그토록 높은 지위에 놓은 것이 아닐까 싶다.

우리는 일상에서 신뢰라는 용어를 자주 사용하며 신뢰를 인간이 함께 살아가는 데 중요한 가치 중 하나로 여긴다. 하지만 존중의 다른 요소와는 달리 이에 대해 잘 알려진 정의는 거의 없다. 신뢰는 타인에 대해 생각하고 느끼고 행동할 때의 진실성 혹은 진정성으로 묘사된다. 여러 학문 분야에서는 이를 본질적으로 대인적 신뢰와 체제에 대한 신뢰 그리고 자기 신뢰라는 요소로 구별해서 사용하고 있다. 또한 일반적이고 불특정적인 신뢰도 있다.

대인적 신뢰는 동료 관계와 연결되고, 체제에 대한 신뢰는 정치적·사회적·경제적 관계에 초점을 두며, 자기 신뢰는 자신의 능력을 지향점으로 삼는다. 신뢰의 개념은 항상 미래에 대한 희망과 기대를 담고 있지만, 또한 불확실성과 위험성을 포함하기도 한다.

"신뢰는 자신이 나약하다는 것을 드러내려는 의지다"라는 말은 신뢰라는 개념에 내재한 위험과 긍정적인 기대를 모두 담고 있다. 우리가 긍정적인 기대로 한 사람을 신뢰함으로써, 우리는 그 사람에게 임무를 부여하기도 전에 그의 능력을 인정하게 되는 경우가 그렇다.

몇몇 연구들은 신뢰를 잘하는 사람이 의심 많은 사람보다 스트레스에 대한 저항력이 크고 더 건강하다고 느끼며, 심지어 수명이 더 길다는 것을 보여주었다. 직장에서 경영진과 동료를 신뢰 어린 태도로 대할 때 직원의 만족도가 상당히 높아진다는 연구 결과도 있다. 성과를 매우 중요시하는 경제 초강대국 중국에서도 이런 연관성이 인정받았다. 2011년 경영심리학자인 홀리웰Halliwell과 후앙Huang의 연구에 따르면, 경영진에 대한 신뢰가 10퍼센트 증가하면 직원들의 생활 만족도에도 거의 같은 수준의 긍정적인 영향을 미친다고 한다.

신뢰는 건강과 인간관계, 업무 환경에 긍정적인 영향을 미친다.

신뢰는 어느 정도 유전적인 영향이 있으며 뇌의 다양한 기능에 영향을 미친다. 어떤 사람을 신뢰하게 되면 두려움을 조절하는 역할을 하는 편도체 핵의 활동이 줄어드는 것을 볼 수 있다. 가령 편도체가 손상된 사람들은 사람의 표정을 통해 신뢰도를 파악할 수 없어서 종종 속임의 희생자가 되기도 한다. 엄마와 아이의 유대감을 강화할 뿐 아니라 신뢰감을 높여주는 옥시토신 호르몬은 신뢰의 형성에 특별한 영향을 끼친다. 이와는 대조적으로 남성 호르몬인 테스토스테론은 신뢰 억제 효과가 있다는 사실이 증명됐다.

독일의 과학자 안크리스틴 아흘라이트너Ann-Kristin Achleitner는 2013년에 기업에 대한 신뢰를 증진하기 위해 일종의 권고안을 개발했는데,[9] 이는 부부나 가족 관계, 학교나 단체에서 적용 가능한 실용적 모델이다.

- 단 한 번의 신뢰 훼손을 불필요하게 과장해서는 안 된다.
- 서로를 알아가는 것과 서로 친해지는 것은 매우 중요하다.
- 투명성은 필요하지만 너무 지나쳐서는 안 된다.
- 믿음의 도약이 있을 때만 신뢰가 생긴다.
- 신뢰가 어느 정도 발전하기 위해서는 적어도 두 사람이 필요하다.

## 가장 높은 형태의 존중 : 사랑

사랑은 의심할 여지 없이 가장 높고 고귀하고 순수한 존중의 형태이긴 하지만 가장 성취하기 어려운 것이기도 하다. 사랑의 개념은 매우 복잡한 현상 중 하나이기 때문에 설명하는 것도 불가능에 가깝다. 수 세기 동안 우리는 사랑을 로맨스와 두 사람의 관계 그리고 성적인 측면에서 바라보았지만, 현대의 사랑 연구에서는 애정 관계에서 발생하는 돌봄과 애착을 더욱 중요하게 다룬다. 심리학에서는 사랑을 주로 감정으로 해석하지만 정신적 인지 과정으로도 해석할 수 있으며, 최근에는 진화 환경에서 번식의 가능성을 높이는 생물학적 사건으로 해석한다.

사랑의 삼각형 이론Dreieckstheorie에 따르면, 심리학적 연구의 관점에서는 사랑을 열정, 친밀감 그리고 헌신이라는 요소의 상호작용으로 본다. 인지적 접근법에서는 사랑을 여섯 가지의 다양한 스타일로 분류한다. 사랑은 다음과 같은 것들로 분류할 수 있다.

- 낭만적인
- 유희적인
- 친밀한
- 실용적인
- 소유욕이 강한
- 이타적인

사랑은 가장 매혹적인 현상 중 하나로서, 인간의 가장 깊은 욕구이자 모든 갈망이 향하는 지점이며 생물학적·감정적·인지적 측면을 포괄한다. 사랑은 존중 그 이상이지만, 존중 없이는 사랑이 가능하지 않다.


## 어제와 오늘의
## 존중

현재 우리 사회에 존중의 위기가 도래하여 존중 문화가 거듭나기를 요구한다는 것은, 존중 문화가 있었다면 상황이 달라졌을 수 있다는 것이며 과거의 사색가들도 이 문제를 고민했다는 것을 의미한다. 그러므로 우리가 연구하여 발견한 지식을 과거의 지혜에서 찾을 수 있다는 사실은 놀라운 게 아니다. 후기 중세 신학자이자 철학자 에크하르트는 사랑에 이르기 위해 필요한 존중 요소에 대해 훨씬 간결하고 적절하게 말한 바 있다. 그는 마음챙김과 존중의 만남 그리고 사랑의 중요성에 대해 다음과 같이 표현했다. "가장 중요한 시간은 언제나 지금이고, 가장 중요한 사람은 언제나 당신 맞은편에 서 있는 사람이며, 가장 필요한 일은 언제나 사랑이다."

# 6장

# 조용한 위기를
# 불러오는 모욕

"모욕의 말은

먼지 위에 쓰고,

축복의 말은

대리석에 새겨라."


벤저민 프랭클린
Benjamin Franklin

모든 종류의 모욕은 우리의 감정 세계에서 존중의 반대편에 서 있다. 칭찬과 인정이 만족과 기쁨 같은 긍정의 감정을 끌어내는 반면, 모욕은 우울증, 강박적 고민, 괴로운 의심 같은 부정적인 감정을 우리에게 안겨준다. 하지만 모욕을 존중의 반대로만 정의하는 것은 너무 단순한 규정이다. 모욕은 모욕하는 사람과 모욕당하는 사람 그리고 그 둘 사이의 사회적 상호작용, 또한 모욕의 실제 내용에 해당하는 모욕의 메시지로 구성된다. 반면에 존중은 인격과 성격을 형성하는 태도라 할 수 있다.

모욕과 존중은 위와 같은 차이가 있지만 많은 유사점도 있다. 우선 둘 다 겉으로 잘 드러나지 않는, 상대적으로 화려하지 않은 심리 현상이란 점이다. 그리고 이 둘은 엄청난 심리적 에너지로 발달할 수 있으며, 그것이 부정적인 방향으로 상처를 주거나 혹은 긍정적인 방향으로 나아갈 수도 있다. 또한 둘 다 어느 정도 금기시되거나 억압되기도 한다. 지금까지 존중이나 모욕에 대해 만족할 정도의 학술적인 개념이 정립되지는 않았다. 존중과 모욕 둘다 사회적 삶의 주제로서 너무 적은 관심을 받았으며, 심리 치료 영역에 충분히 뿌리내리지 못했다고 볼 수 있다.

## 모욕의
## 본질

"모욕은 당신을 아프게 만들고 모독은 괴로움을 초래한다"라는 말은 중세부터 내려오는 격언이다. 이 말은 모욕과 모독을 심리적 스트레스와 질병의 원인으로 묘사하는데, 이는 심신의학의 기본 사상을 담고 있다. 모욕과 모독은 오늘날 우리가 자주 간과하거나 간단히 무시하는 우리 사회의 실상이다. 이들은 수많은 인간사 문제의 주된 원인이기도 하다.

몇몇 연구에 따르면, 가장 흔하고 효과적인 모욕의 형태가 존중 결여라고 한다. 존중과 인정이라는 주제를 대할 때 우리는 모욕을 빼고 말할 수 없다. 모욕의 본질과 형태 그리고 발생 전개 과정에 대한 이해 없이는 진정한 존중이 실현되기 어렵다. 인간관계가 진정한 존중에 바탕을 두려면 당사자들은 자신의 말이나 행동이 모욕을 줄 여지를 확인하고, 또 상대방의 입장도 주의 깊게 살펴볼 필요가 있다. 이는 결코 쉽지 않은 일이며 공감력과 주의력 그리고 특별한 의사소통 감수성이 필요하다.

> 모욕의 에너지는 사회적 상호작용으로 엄청나게 커질 수 있다. 모욕은 당신을 아프게 하고, 위기를 일으키며 범죄나 전쟁을 불러올 수 있다.

무례함과 질책, 공격적인 비판과 노골적인 폄훼 등 모욕이 우리에게 끼치는 영향은 누구나 쉽게 짐작할 수 있다. 하지만 모욕은 내면의 심리적인 영역에서 일어나기 때문에 잘 드러나지 않는다. 모욕은 손에 잘 잡히지 않고, 치료적 맥락 이외에는 거의 논의된 바가 없으며, 그 영향도 심각하게 과소평가되고 있다. 사람들이 모욕을 심각하게 받아들이지 않는 것은 아마도 억압과 금기시되는 분위기 탓일 가능성이 큰데, 모욕을 받은 사람이 이에 대해 언급하지 않거나 종종 깨닫지 못하는 것도 이 때문일 것이다.

## 사소해 보이지만 파괴적 영향을 미치는 것들

모욕의 본질은 모욕받은 자가 입은 주관적 상처와 외부자의 객관적 평가 사이의 엄청난 불일치에 있다. 그러므로 모욕을 당한 사람 대부분은 이에 대해 말하기를 주저한다. 겉보기에 사소한 것이 자신에게 큰 영향을 미쳤다는 것을 남에게 들키고 싶지 않으며, 자신이 약자나 바보가 되고 싶지도 않기 때문이다. 사람들은 대부분 내면의 문제와 그 예민한 지점을 드러내기 두려워한다. 하지만 모욕을 감추고 억누를 때 우리 몸에는 '정신 활성 물질'이 나타나는데, 특히 억압받고 금기시된 환경 속에서 번성하게 된다. 그리고 수치스러운 상황을 겪은 뒤 축적되는 모욕은 종종 몇 달 혹은 몇 년 후에 별 볼 일 없는 사건으로 폭발하게 된다. 이는 아마존에 사는 나비의 날갯짓이 특정한 환경 속에서 몇 주 후에 텍사스의 허리케인을 일으킬 수 있다는 나비 효과와 견줄 만하다.

존중이 긍정적이고 유익한 분위기를 만드는 것처럼 모욕은 눈에 띄지는 않지만 엄청난 파괴력을 발휘한다. 외부에서는 눈치챌 수 없게 피부 아래서 곪아가는 이 모욕감은 신경성 장애, 심신증, 심리적 탈진, 배우자와의 불화, 직장에서의 갈등, 심지어 무력 충돌까지 초래할 수 있다. 그런데도 오늘날 흔히 볼 수 있듯이, 모욕을 가하거나 모욕을 당할 때 대체로 '쿨함'의 가면이 쓰여 있다. 하지만 정작 정신적 스트레스에 오래 노출된 당사자는 좌절이나 분노의 감정들이 내면에 끓고 있으며 폭발 직전의 상태다. 다만 외부에서는 냉담함이란 가면에 가려 보이지 않는다. 그러나 대수롭지 않게 여긴 사건들이 쌓여 이후에 큰 문제를 불러오고 오래된 상처까지도 다시 헤집는 결과로 이어질 수 있다. 물 한 방울이 낙타의 등을 부러뜨리는 것이다. 그러므로 한 사람이 과도한 반응을 보일 때, 사소한 사건이 어떻게 그런 반응을 일으켰는지는 외부인이 이해하기 어렵다.

## 안정에 대한 갈망

26세의 리타는 맨주먹으로 회사의 계단 창문을 부수고, 그 유리 파편으로 목에 큰 상처를 입었다. 심각한 출혈이 있었지만 그녀는 간신히 살아남았다. 사건이 벌어지기 전까지 리타는 거의 눈에 띄지 않는 삶을 살았다. 자살 시도로 볼 수 있는 그녀의 행동을 한동안 설명할 길이 없었다. 리타에게는 이렇다 할 자살 동기가 없었으며, 우울증도 없었고, 마약도 거의 하지 않았다. 몇 달 전에 배우자와의 오랜 관계를 정리했지만, 그로 인해 괴로운 일은 더 이상 없다고 리타는 거듭 강조했다.

그런데 상담에서 주말 근무 교대라는 예상치 못한 임무가 자살 시도의 계기가 되었음이 밝혀졌다. 그녀의 직장 상사가 리타에게 주말 근무를 요구하며, 가족도 남편도 없으니 전혀 아쉬울 것이 없지 않느냐고 말한 것이다. 심리 분석 결과, 항상 성실하게 일해온 이 젊은 여성은 평생 외톨이로 지내왔다는 사실이 드러났다. 어린 시절 부모님이 이혼한 후 리타는 처음엔 아버지로부터, 나중에는 어머니로부터 버림을 받았고, 그리고 살아오면서 친구와 파트너들로부터 계속 버림받았다고 털어놓았다. 그녀의 내면은 혼자라는 두려움과 안정된 관계와 가족에 대한 갈망으로 가득 차 있었다. 특히 리타는 처음의 호언장담과는 달리 최근 남편과의 이별을 극복하지 못하고 있었다. 리타는 치료 과정에서 '가족의 날'에 일해야 하는 부당한 상황이 자신의 '관계 결핍으로 인한 비참함'을 극명하게 깨닫도록 만들었고, 자신을 절망의 상태로 빠뜨렸다는 사실을 알아낼 수 있었다.

## 모욕, 비하의 과정

이미 강조했듯이 모욕은 감정 이상의 것이다. 이를 좀 더 자세하게 설명한다면, 다음의 세 가지 꼭짓점 사이의 의사소통 혹은 사회적 상호작용으로 볼 수 있다.

1. 모욕을 주는 사람 또는 모욕의 가해자
2. 모욕당한 사람, 모욕의 수용자
3. 모욕의 실제 내용, 이른바 모욕적 메시지

모욕으로 인한 영향은 다음과 같은 경험 법칙이 적용될 수 있다.

1. 모욕을 준 사람이 모욕당한 사람의 세계에서 중요한 사람일수록 모욕의 상처는 깊어진다. 당신과 친하지 않거나 전혀 모르는 사람은 당신의 명예에 상처를 줄 수는 있지만 내면을 건드리지는 않는다. 반면에 좋아하는 사람, 동경하는 사람 또는 존경하는 사람에게 받는 모욕은 엄청난 무게를 지닌다. 배우자와의 관계에서 모욕이 커다란 파괴력을 가지는 것은 바로 이 때문이다. 이는 두 사람이 오랫동안 함께하면서 생긴 갈등 때문만은 아니다. 그보다는 모욕을 주

는 사람이 당신이 가장 사랑하거나 한때 사랑했던 사람이기 때문에 엄청나게 커다란 파급력을 지니게 되는 것이다.

2. 모욕은 모욕당한 사람이 예민하게 느끼는 부분에 영향을 줄 때 비로소 시작된다. 모욕은 민감하지 않은 부분에는 내려앉지 않고 연기처럼 흐지부지 사라질 뿐이다. 그 민감한 부분이란 개인적·종교적·정치적·사회적 가치다. 특히 자신이 높이 평가하고 있는 부분은 그만큼 민감한 영역이기도 하다. 따라서 모욕은 우리가 중요하게 여기는 것들, 처리되지 않는 내면의 상처 그리고 관심에 대한 무의식적인 욕구 같은 것들을 확인시켜준다.

3. 모욕적인 메시지에는 진실의 알맹이가 들어 있다. 진실의 크기가 클수록 모욕감은 더 커지게 된다. 한편으로 모욕의 내용은 종종 우리가 인식하지 못하는 우리의 맹점을 드러내기도 한다. 때때로 모욕은 우리 내면의 그늘진 부분에 닿기 때문에 우리는 그것의 '진정한 본질'을 보지 못한다. 어쩌면 모욕적인 말은 우리가 우리 자신에게 '말할 수 없었던' 내용일 수도 있다. 겉보기에 사소한 말이 우리를 크게 화나게 할 때는, 그 말이나 몸짓이 우리의 지난 삶에 새겨진 트라우마를 건드렸다는 의미이기도 하다. 다시 말해, 모욕의 메시지를 건설적인 방식으로 해석하는 것을 통해 우

리는 내면의 감춰진 트라우마를 들여다보고 치유의 출발
점으로 삼을 수 있다.

어떤 모욕적인 표현이든 간에, 그것은 언제나 모욕받는 사람
을 깎아내리는 데 초점이 맞추어져 있다. 모욕은 모욕당한 사람이
순전히 주관적으로 느끼는 것이며, 그는 모욕한 상대에게 큰 악감
정을 가지게 된다. 이는 종종 부부 관계나 부모와 자녀 관계에서
도 발생한다. 하지만 모욕하는 사람이 그 모욕의 내용을 다른 사
람들에게 퍼트려서 광범위하게 영향을 미치려 할 때도 있다. 가령
누군가의 나체 사진을 몰래 인터넷상에 퍼트리거나, 회사 내에서
누군가의 명예를 더럽힐 수 있는 소문을 퍼트리는 경우 등이 그것
이다.

> 모욕은 가족의 일처럼 매우 사적일 수도 있고, 회사나 공
> 동체 또는 인터넷과 같이 더 큰 사회적 환경에서 발생할
> 수도 있다.

## 모욕이
## 부르는 병

모욕, 업신여김, 트라우마 등은 수많은 정신 장애와 인격 문제

의 원인으로 지적된다. 특히 존중 부족이나 무시로 인한 '모욕'이 대표적이라 할 수 있다. 인정과 칭찬을 받지 못하고 긍정적인 관심이 오랫동안 채워지지 않으면 인간은 모욕감을 느끼게 된다. 거듭 강조한 대로 모욕감은 깊은 내면의 자아에 영향을 미치고, 마치 사랑을 잃는 것을 두려워하는 것처럼 인간의 원초적인 공포감을 자극한다. 긍정적인 피드백이 부족하거나, 무시나 모욕을 통해 부정적인 피드백이 누적되면 자신이 사랑받지 못하고 있다는 불안감이 증폭된다. 이는 필연적으로 열등감이나 자존감 결여로 이어져 신경성 장애를 초래할 수 있다.

존중 결핍은 심리적으로 어떻게 나쁜 상황을 불러오는 걸까? 인정받기 위한 끊임없는 투쟁은 지속적인 스트레스를 불러오는데, 이 압박감은 우울하고 불쾌하며 소모적이고 해로운 형태의 스트레스다. 심리학적 관점에 따르면, 주로 인체의 장기나 내부 기관이 '스트레스 전쟁터'가 되어 상흔이 남게 된다. 뿐만 아니라 존중 결핍은 감정을 담당하는 기관이나 호흡계 혹은 신체의 핵심인 심장에도 영향을 주게 된다.

## 칭찬받지 못한 천재

그의 이름을 요하네스라고 부르기로 하자. 한 청년이 전화로 "저는 실패한 사람입니다"라고 말하며 상담을 요청했다. 청년은 여러 차례 전공을 바꿨지만 끝내 졸업을 하지 못했다. 게다가 여러 직장을 다녔지만 한 번도 진득하게 머무른 적이 없었다. 누구를 만나더라도 길게 관계를 이어가지 못했고, 가족들과도 가까스로 인연을 이어가고 있었다.

　요하네스는 상담실에서 불안, 편두통, 천식, 우울증이 있다고 했고, 목표를 잃은 삶에 대해 불평을 늘어놓았다. 최근에는 습관적으로 진정제를 먹었고 점점 더 대마초에 의존했으며 체력도 많이 저하되었다. 그는 자신을 실패자이자 가족의 수치로 여기고 있었다. 상담 결과, 요하네스는 과거에 매우 활동적이고 창의적이었으며 많은 면에서 재능이 뛰어나고 지적 능력이 높은 사람으로 드러났다. 어린 시절 학교에서 그는 항상 반에서 1등을 차지했고, 반 친구들은 그를 '작은 천재'라고 부르기도 했다. 그러다 사춘기에 접어들면서 그는 몇 가지 이유로 위기에 빠졌고 심각한 침체기가 찾아왔다.

　상담 과정에서 그를 위기에 빠뜨린 여러 이유가 드러났지만, 무엇보다 요하네스는 겉으로 보기에 대수롭지 않은 하나의 사건에 오랫동안 빠져 있었다. 그가 평소에 아주 존경했던 독일어 선생님은 어느 날 숙제에 첨삭을 해서 반 친구들에게 돌려주었다. 요하네스도 물론 결과를 받았는데 평소와 같이 최고의 점수를 받았다. 그 안에는 이런 말이 적혀 있었다. "요하네스를 칭찬해서는 안 될 거 같아. 그러면 과대망상증에 걸릴 수도 있으니까!"

　최고의 재능을 가진 천재조차도 존중이라는 요소를 스스로 만들어내지 못한다는 것은 분명하다. 건강하고 만족스러운 삶을 유지하기 위해서는 이들도 타인의 관심과 인정을 필요로 한다.

## 권력 수단으로서의 모욕

모욕은 한 사람에게 심리적이고 신체적인 해를 가하는 것 외에도 또 다른 측면을 가지고 있다. 모욕은 때로 모욕당한 사람에게 권력이자 무기 같은 것이 되기도 한다. 눈에 띄게 큰 모욕을 당한 사람은 주변 사람들에게 '죄책감의 아우라'를 발산한다. 그가 등장하면 주변 사람들은 그 사람의 불만과 문제에 대해 자신이 어떻게든 책임이 있다는 느낌을 받는다. 주변의 사람들은 자신이 정확하게 무엇을 잘못했는지 알지 못하므로 불확실한 감정에 빠지고, 어쨌든 보상하고 사과하고 도와주려는 의지도 커진다. 이는 모욕당하거나 모욕당한 척하는 사람에게 커다란 통제력을 쥐여주는 결과를 낳는다.

언론인 옌스 제센Jens Jessen이 말했듯이, 모욕은 실제로 모욕을 당한 당사자에게 관심과 애정 그리고 인정에 대한 특권을 가져다준다. 오늘날 전 세계에 만연하는 폭풍 같은 모욕의 감정들, 경쟁하듯 모욕을 전시하는 태도들, 인정받으려 하는 갈망들, 희생자로 인정받고자 하는 경쟁들 등은 이를 증명한다. 모욕당한 자에게는 경제적이고 도덕적인 이득이 보장된다. 제센은 "목마른 사람은 물이 아니라 자신의 고통을 인정받기 원합니다"라고 적절하게 상황을 요약한 바 있다. 발칸 전쟁 이후, 보스니아 작가 밀

렌코 예르고비치Miljenko Jergović도 씁쓸하지만 비슷한 결론을 내렸다. "한 민족에게 희생자로서 사는 것보다 더 큰 집단 면죄부는 없다."

## 모욕에 대처하는
## 최선의 방법

만약 우리가 사는 사회에 진정으로 모욕의 문화가 만연해 있다면 그에 대한 해결책이나 치료제는 의외로 가까이 있다. 사실 오늘날 우리 사회가 모욕을 당하는 것이 오히려 더 나은 것으로 받아들여지고 있는지, 혹은 사회적인 이유로 모욕이 배양되고 있는 건 아닌지, 상대적으로 트라우마가 거의 없는 사회라서 모욕이 더 큰 중요성을 지니는지, 아니면 뒤늦게 모욕의 중요성을 깨닫게 되었는지는 중요한 문제가 아니다. 중요한 것은 모욕이 수많은 고통과 갈등 그리고 비극의 원인이 된다는 사실이다. 그러므로 사람들 간의 관계에서 서로에게 좀 더 많은 관심을 기울여야 한다. 다시 말해, 존중으로 타인을 대하는 것이 우리가 모욕에 효과적으로 대처할 수 있는 방법이다.

### 예방 및 치유 수단으로서의 존중
의사소통에서 존중이 중심에 놓인다면 많은 문제를 해결할 수 있고 또 예방할 수 있다. 존중은 공감 부족과 관심 부족, 경멸과 모욕에 대한 궁극적인 해결책이다. 따라서 현대의 심리 상담과 치료 영역에서 존중은 점점 더 많은 관심을 받고 있다. 심지어 심리 치료사가 내담자에게 모욕의 경험을 질문하고 이들이 그동안 숨겨왔던 두려움이나 욕구를 이야기할 때, 이들은 자신들이 존중받고 있다고 느낀다.

모욕을 받게 될 때 우리가 시도해볼 수 있는 행동과 극복 방안에는 무엇이 있을까? 피해자로서 맞이하는 온갖 종류의 멸시와 모욕을 어떻게 대처할 것인가? 중요한 것은 존중은 언제나 필요한 것이지만 강요할 수 없다는 사실이다. 그러므로 냉담함이 우세한 이 세상에서 여러 가지로 겪게 되는 존중 결핍에 대한 대처 방식이 중요하다. 다음은 이에 대한 나름의 방법으로 그 가치가 입증되었다.

### 권고 사항

1. 모욕에 대한 '분위기 파악'을 해보자: 여러분에게 모욕적인 메시지를 보낸 사람의 의도와 모욕의 내용이 구체적으로 무엇인지, 또 어째서 그 모욕이 당신에게 그토록 큰 타격을 주는지 명확히 파악하는 것을 통해 모욕에서 배움을 얻도록 하라.

2. 자신의 감정을 말함으로써 솔직하게 자신을 드러내자: 상대는 자신의 모욕적인 말이나 행동을 인지하지 못할 수도 있

다. 불편한 감정을 드러내는 것만으로도 날카로움은 어느 정도 무뎌질 수 있다.

3. 상처받은 메시지를 분석하고 교훈으로 활용하기: 모욕을 받았을 때 위의 1번부터 시작하여 점차로 다른 점들을 성찰한다. 모욕감을 느낀 여러분의 취약점이 어딘지 알아내기 위해 노력해보라. 이 같은 성찰은 당신의 감정을 객관화시키고 자신과의 거리를 만들어낸다.

4. 모욕을 준 상대의 처지에서 생각해보기: '적'이 된 상대방의 마음을 들여다보고 모욕을 준 의도를 알아내기 위해 노력해보자. 이는 상황에 대한 더 나은 이해로 이어진다. 또한 자신에 대한 공감과 자존감을 강화해준다.

5. 모욕에 반응하는 자신의 패턴을 반성하고 돌파하기: 당신이 보통 모욕에 어떻게 반응하는지 생각해보라. 분노하는가, 침묵하는가 혹은 복수의 감정을 느끼는가? 이 같은 지배적이고 자동적인 반응 패턴을 알게 되면, 당신은 그것에서 스스로 해방되는 첫걸음을 내딛게 된다. 이를 통해 모욕을 보다 의식적이고 거리감 있게 대처할 수 있게 된다.

6. 놓아주기: 모욕과 모멸감의 상처를 받아들이되 그것들을 다시 열지는 말자. 상처를 굳이 밀어내지 말고 그저 내버려두자. 자신의 힘과 능력에 대한 이전의 평가와 성찰이 도움이 될 것이다.

7. 관점의 변화: 일어난 일을 되돌릴 수는 없지만 의식적으로

재평가할 수는 있다. 가령 어느 정도 시간이 흘러 과거의 일을 돌아보면 당시와 매우 다르게 느껴질 수 있다. 또한 다른 사람의 관점을 들여다보는 것은 새롭게 상황을 평가하는 데 도움이 된다.

8. 용서: 상대방을 용서하고 받아들이는 것은 어렵지만 모욕과 관련해서 불가능한 것은 아니다. 용서가 가능하다면 고통의 기억은 더 이상 파괴적인 감정을 동반하지 않을 것이고 상처가 다시 터지는 일도 없을 것이다. 인간으로서 용서하기가 어렵다면 "용서는 최고의 복수다"라는 격언이 도움이 될 수도 있다.

## 명확한 경계선을 유용한 전략으로 활용하기

모욕을 당한 경우 자존감을 확보하고 자율성을 지키는 것이 최우선 과제다. 만약 당신이 주변 환경으로부터 긍정적인 피드백을 받기가 점점 어려워진다면 스스로 부여할 필요가 있다. 자신을 사랑하기 시작하는 순간 타인의 나르시시즘적 행동은 한계에 봉착하게 된다. 자아의 주권을 뚜렷이 드러내고 단호하게 지켜낸다면, 즉 우리가 스스로 상대의 모욕과 잘못을 명확히 판단할 수 있다면 자존감이 강화될 수 있다. 절대로 타인을 제물로 삼아 모욕과 모독을 해서는 안 되며, 모든 개인은 같은 가치와 존엄성을 가진다는 의식을 가져야 한다.

성숙한 사람은 적을 최고의 스승으로 삼는 사람이자, 모욕이나 비하에서도 교훈을 얻는 사람이다.

모욕에 대해 부드럽게 대처하기 위해 위에서 언급한 '권고 사항'은 궁극적으로 경계 전략을 포함한다. 예를 들어, 네 번째 '모욕을 준 상대의 처지에서 생각해보기'를 사용하여 자신의 변화된 상태를 이끌어낼 수 있다. 이는 상대방의 의도에 대한 통찰을 통해 자신을 더 우월한 위치에 놓을 수 있으며 '심리적 사고를 통한 힘'을 얻을 수 있기 때문이다. 모욕 속에 담겨 있는 핵심을 찾아 대처하다 보면(1번과 3번 참고), 여러분은 모욕과 모욕의 발신인으로부터 감정적 거리를 둘 수 있게 된다. 어떻게 보면, 이 모든 것은 당신의 마음 문제이지 상대의 문제가 아니다.

문제의 핵심을 찾는 작업이 자신과 직면하는 것이라면, 상처를 다루고 이를 표출하는 것은 외부를 향한 것이다(2번). 모욕이 효력을 발휘하게 놔두지 말고 적극적으로 모독의 가해자와 맞선다면 그 사람이 자신을 돌아보게 하는 데 상당히 도움이 될 것이다. 가해자가 준 상처로 일어난 내면의 감정 상태를 솔직하게 말로 표현함으로써 그 모욕은 파괴력을 잃게 된다. 말하기 꺼려지는 것들을 실제로 입 밖에 내는 순간 그것의 힘은 줄어든다. 또한 존중의 상호작용을 위해 서로에게 존중의 의사를 명확하게 표현하는 것은 필수적인 것이다.

## 진정한 위대함

용서는 모욕받은 자의 자존감을 상상할 수 없을 만큼 높여주는 가장 고귀한 태도로서, 거의 종교 영역에서 이뤄지는 형식이라 할 수 있다. 용서는 쉽지 않으며 엄청난 자기 통제와 단념을 요구한다. 이것은 용서verzeihen와 단념zichten이라는 단어의 공통된 어근에서도 알 수 있다. 이는 비난과 복수를 더 이상 하지 말고 서로를 감싸 안으라는 의미다. 또한 용서는 용기와 겸손이 필요하다. 용서는 어찌 보면 인간으로서 이해 불가능한 반응을 보이는 것이기 때문에 내면을 불안정하게 만드는 일이므로, 용서에는 용기가 필요하다. 그리고 겸손이란 자신에게 지나치게 집중하지 않는 태도를 말한다. 따라서 용서는 매우 특별한 형태의 존중이라고 말할 수 있다.

용서나 관용을 통해 우리는 적대적인 태도를 누그러뜨릴 뿐 아니라 과거의 어두운 그림자에서도 벗어나게 된다. 분노와 우울, 불쾌함과 복수심이라는 자멸적인 요소들을 등 뒤로 하고 벗어나는 순간 우리의 인격은 더욱 강화될 수 있다. 자신감이 더욱 커지고 더 느긋해지며, 어쩌면 더 행복해질지도 모른다. 인도의 위대한 현자 마하트마 간디Mahatma Gandhi는 용서와 자기 가치 사이의 상호작용을 깨달은 사람이었다. "약한 자는 결코 용서를 베풀지 못한다. 누군가를 용서할 수 있는 것은 강한 자의 자질이다."

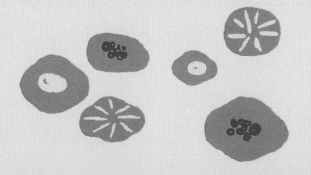

# 7장

우리가 대처해야 할
존중의 적들

"사람의 성격보다

더 빠르게 판단되는 것은 없지만

그래도 그 어떤 것보다

더 신중하게 판단해야 한다."


게오르크 크리스토프 리히텐베르크
Georg Christoph Lichtenberg

앞 장에서 우리는 모욕의 본질과 특성을 다루었다. 이제 우리는 존중의 반대편에 있는 좀 더 구체적인 측면들, 즉 타인을 깎아내리고 비하하는 여러 가지 행동과 태도에 대해 알아보려 한다.

문명화가 진행되면서 모멸의 방식이나 메커니즘도 더욱 정교해졌다. 안타깝게도 구타, 고문, 공개적인 조롱, 공개 처형과 같은 원시적인 형태의 모욕이 아직 완전히 사라지지는 않았지만, 오늘날 이런 것들은 점점 심리적 형태의 모욕이나 모멸로 대체되고 있다. 여기에는 명예 훼손, 수치심, 굴욕, 무시, 경멸, 냉소, 비아냥거림에 이르기까지 다양한 형태가 있다.

정신분석학적으로 보면, 누군가를 비하하는 것은 보통 시기심에 의해 작동되고 궁극적으로 자신의 두려움을 감추기 위한 무의식적인 심리 과정이다. 심리학에서도 타인을 비하하고 모욕하는 것은 자신을 보호하고 자신의 가치를 향상시키는 역할을 한다고 설명한다. 그리고 주변에 대한 비하와 질투는 종종 다양한 공격적인 행동의 무의식적인 원동력이 되기도 한다.

정신분석학자 오토 케른버그Otto Kernberg는 타인을 깎아내리고 비하하는 것이 자신의 열등감을 어느 정도 완화시킨다고 말한다. 즉, 여러분은 시기하는 대상이 이룬 업적이나 소유물을 깎아내리고 모욕함으로써 여러분의 분노를 가라앉히는 것이다. 여기서 근원이 되는 내면의 감정이 바로 시기심이다.


## 비하의 원천은
## 시기심

시기심은 여러 측면에서 확실히 존중의 반대편에 서 있다. 시기심은 기독교의 7대 죄악 중 하나며, 전 세계의 모든 문화권에서도 도덕적으로 비난하는 감정이다. 코란에도 시기심은 불행과 죽음을 초래하는 것으로 여러 곳에 등장한다. 미국의 작가 조지프 엡스타인Joseph Epstein은 이를 '최악의 치명적인 죄'이며 유일하게 '재미없는 일'이라고 말했다. 진화심리학에서, 시기심은 생존에 이바지하는 감정이었고, 이는 '빵에 대한 부러움' 같은 표현으로 남아 있다. 여기서 시기심은 식량을 충분히 확보하지 못하는 것에 대한 두려움과 관련이 있다.

시기심이 많은 사람이 자신을 타인과 비교하는 것은 흔히 있는 일이다. 하지만 사람들은 점차 부정적인 시기심이 아닌 성취 동기를 부여하는 좀 더 건설적인 시기심에 주목하기 시작했다. 뇌의 활동 관찰을 통해 인간의 의사 결정 행동을 연구하는 신경경제학에서, 인간의 보상 감정은 항상 시기심에서 도출된다는 사실이 자기공명영상 연구를 통해 증명되었다. 따라서 시기심은 긍정적인 측면에서 중요한 사회 추진력이 될 수 있으며, 사회적 경쟁에서 커다란 동기를 부여하는 요소라 할 수 있다.

하지만 파괴적인 시기심은 존중의 적이다. 이는 분명 시기의 대상을 망가뜨리고 성취와 명성을 해치기 위한 것이다. 적대감, 비난, 증오, 악의 같은 나쁜 감정과 행동을 초래하는 부정적인 감정이다. 가령 역사학자들은 시기심이야말로 매우 지적이며 경제적으로 유능하고 세련된 사람들에 대한 적대감에서 비롯된 반유대주의의 주요 원인으로 보기도 한다.

시기심은 항상 열등감에서 비롯되기 때문에, 자신의 내면에서 은밀하게 일어난다. 또한 시기심은 공격적인 태도로 이어질 뿐아니라 일종의 마비 효과를 통해 자신감을 공격하여 결국 자기 비하와 우울감으로 이어진다. 그리하여 이는 존중과는 완전히 반대편에서, 스트레스에 빠진 수치스러운 자아를 형성해 자신을 낮추어 보게 만든다.

대인 관계에서 존중이 상실될 때 사회는 시기와 질투의
장으로 변질된다.

시기심의 옛말인 적대감은 어떤 경우든 존중과 양립할 수 없
다. 우리 사회가 존중이 모자란 사회라면, 이는 '사회적 질투'와 같
은 맥락의 현상이라고 설명할 수 있다. 공동체 구성원들의 연대는
더 이상 필요하지 않고 모두 자신의 이익만 추구하는 사회에서 시
기심은 타인을 깎아내리고 자신을 높이는 주요 수단이 된다. 그렇
다면 이 존중의 적들이 취하는 형태들에 대해 살펴보기로 하자.


## 모두를 파괴하는
## 존중의 적들

우리 인간은 타인을 비하하는 데 온갖 수단을 사용한다. 모욕
의 특성에 따르면, 이 수단들은 타인에게 고통을 가하는 데 목적
이 있다. 이는 '모욕당하는 사람'의 정신을 파괴하고 나아가 신체
까지 망가뜨린다. '모욕을 주는 자'는 의식적이건 무의식적이건
상대방을 깔아뭉갬으로써 자신의 자존감을 세우거나 유지하려
한다. 다음은 모독과 비하의 다양한 형태들이다.

## 명예 훼손Diffamierung

명예 훼손은 흔히 경쟁자나 정적들을 제거하거나 사회적으로 매장하기 위해 평판을 손상시킬 수 있는 소문을 의도적으로 퍼트리는 것을 말한다. "명예 훼손은 살아 있는 타인의 삶을 격하시키고 그 가치를 하찮게 만들거나, 돌아가신 이에 대한 기억을 훼손시키기 위해 사용된다"라는 것이 잘 알려진 명예 훼손의 정의다. 현대적 형태의 명예 훼손으로는 따돌리기를 들 수 있는데, 특히 인터넷에서 이루어지는 사이버 왕따가 대표적이다. 이런 종류의 중상모략은 대개 은밀히 익명으로 이루어지기 때문에 이와 싸우는 것은 매우 어렵다.


## 굴욕Beschämung

굴욕은 동물의 세계에도 자리 잡고 있는 수치심과 같은 본능이다. 그것은 피해자에게 당황스럽고 아프며 수치스러운 감정을 안겨준다. 굴욕당한 자에게는 항상 비난이 따르게 마련이고, 수치심과 굴욕은 항상 불안, 불편함, 고민, 우울 같은 감정과 연관되어 있다. 다른 사람이 행한 수치스러운 일에 대해 자신의 입장에서 대신하여 느끼는 '대리 수치심'과 같은 굴욕감은 많은 사람에게 영향을 미친다. 그러므로 굴욕은 극도로 파괴적인 특성이 있다. 예를 들어, 과거에 아이가 다른 사람들 앞에서 바지를 내리고 엉덩이를 맞는 것은 흔한 훈육의 방식이기도 했다.

때때로 굴욕과 결부된 자존감 상실은 자기 거부와 자기혐오,

우울감을 비롯하여 심지어 자살로 이어지기도 한다. 유대교의 성전인 탈무드에는 "굴욕을 당하기보다는 죽는 편이 낫다"라는 표현이 나온다. 영국의 성직자이자 역사학자이며 작가이기도 한 찰스 킹즐리Charles Kingsley는 존중이 부정당했을 경우의 위험에 대해 이렇게 경고했다. "아무리 어리석고 무지한 사람이라도 절대로 모욕하지 말고, 특히 어린이에게 절대로 수치심을 안겨주지 말아라."

"수치심 때문에 땅속으로 숨고 싶다"는 표현은 그 자체로 굴욕의 파괴적인 특성을 보여준다.

### 치욕Demütigung

아마도 가장 심각한 형태의 모욕은 치욕일 것이다. 이는 가해자에게 주어진 일방적인 권력과 피해자의 절대적인 무력감을 전제로 한다. 그것은 철저하게 무력감에 잠긴 타인에 대한 악의적인 공격과 의식적인 비하의 표현이다. 치욕의 전형적인 상황은, 예를 들어 피해자들이 어딘가에 묶여 있고, 그로부터 벗어날 수 없는 고문과 같은 상황일 것이다.

치욕은 항상 심각한 결과를 낳는다. 한 개인에게는 정기적으로 외상 후 스트레스 장애를 일으킬 수 있다. 사회적인 차원에서는 심지어 무력 충돌의 원인이 될 수도 있다. 역사적으로 볼 때, 두 번의 세계 대전도 치욕의 가설로 설명될 수 있다.

## 무시에서 경멸로

무시라는 비하 요인은 눈에 잘 띄지 않지만 파괴적이다. 미묘한 심리적 폭력으로서 비록 대개 의도적이거나 적극적인 개입의 형태가 아니지만, 타인에 대한 낮은 존중감이 앞서는 태도라고 볼 수 있다.

사람은 모두 자신의 성격이나 행동 그리고 성과로 주목받기를 원한다. 우리의 가치, 자신감, 자율성 등은 이에 의해 결정적으로 좌우된다. 우리가 무시를 당하게 되면 불안감이나 초조함이 들거나 분노와 복수심에 빠져들기 쉽다. 사전적 의미에서도 드러나듯이 무시는 존경의 반대말로서 상대에게 관심이나 애정, 존중을 보내지 않는 태도다. 이웃을 소중하게 여기거나 인정하기는커녕 관심조차 주지 않는 것이다. 무시를 당한 사람은 자신이 인정받지 못하며 비호감이며 궁극적으로 존재하지도 않는다는 느낌이 들게 된다. 가령 실업자의 경우 이런 감정에 빠질 수 있다.

### 무관심

구직자인 루디는 지속적인 피로와 두려움에 시달리다가 상담실을 찾아왔다. 그는 매우 우울했고 모든 걸 체념한 상태였다. 치료 상담을 하면서 나는 곧 문제의 핵심에 도달할 수 있었다. "실업 상태에서 가장 견딜 수 없는 것은 돈이 없는 것도, 생계의 문제도 아닙니다. 문제는 나 자신이 쓸모가 없다는 느낌이에요." 루디의 쓰라린 깨달음이었다. 20번째의 구직 활동에 실패한 후, 그는 마침내 완전히 체념하고 말았다. "접수한 입사 지원서에 대한 답변조차 없을 때 특히 굴욕감을 느꼈어요. 아무도 내 문제에 관심을 가져주지 않고 도와달라는 외침에도 반응하지 않으니까요. 난 아무 가치가 없는 사람이에요. 더는 살고 싶지도 않아요."

직장에서 누군가를 의도적으로 무시하는 것을 따돌림이라고 부른다. 이는 확연하게 눈에 띄는 행동은 아니지만 여러 가지 무시의 신호로 드러난다. 예를 들어, 어떤 직원에게 인사를 하지 않거나 인사에 응답하지 않거나 말을 못 들은 척하거나 요청을 무시하는 행동, 혹은 고위 임원이 아무런 해명 없이 약속을 어기거나 팀 회의에 특정한 직원을 배제하는 행동, 또는 의도적으로 관심을 보이지 않고 존중해주지 않는 태도 등이 이에 해당된다.

무시는 비록 무력을 행사하는 능동적인 형태는 아니지만, 무심함과는 구별되는 공격적인 행동으로 받아들여질 수 있다. 보통의 감정을 가진 사람이라면 그 이면의 악의를 느낄 수밖에 없다. 폴란드 속담에 다음과 같은 말이 있다. "오로지 당신의 별을 따라가라. 그러면 태양 아래 방해받지 않고 앉아 있을 수 있을 것이다." '별을 따라가라'는 말에는 한 이상주의자의 이상이 아름답게 표현되고 있다. 그러나 동시에 '무시'라는 악의적인 조언도 담겨 있는데, 힘껏 자신의 길을 가라고 격려하는 목적은 결국 남을 무시하고 혼자 남기 위해서다.

상대를 비하하려는 의도는 경멸이라는 형태로도 나타난다. 예전에는 다소 어정쩡하게 "자신이 가치가 없다고 여기는 마음에서 비롯된 감정(자기 경멸), 또는 타인의 가치를 무시하는 감정(타인에 대한 경멸)"으로 정의되었던 멸시라는 감정이 이제는 감정 심리학이나 사회학의 맥락에서 해석될 수 있다. 어떤 이는 이것을 인간의 기본적인 감정으로 보고, 또 어떤 이는 분노와 혐오의 감정으로 바라보며, 또 사회적 계급의 추락으로 보는 이들도 있다. 정신분석학적으로 보면, 경멸은 심각한 성격장애 증상을 일으킬 수 있는 자기애적이고 공격적인 경향이다.

경멸은 항상 위에서 아래로 전달된다. 이는 인간의 존엄성에 대한 공격으로서 권력을 덜 가진 사람의 명예를 손상시킨다. 여기에서 분노와 원망 그리고 수치심의 감정을 일으키며, 종종 증오와 복수의 감정도 솟아오른다. 프랑스 작가 쥘아메데 바르베 도르빌리Jules-Amédée Barbey d'Aurevilly는 "증오는 경멸에 목말라하고, 경멸은 증오의 정수"라고 말했다. 경멸은 항상 굴욕과 연관되어 있고, 따라서 심각한 형태의 모욕은 피해자에게 삶의 용기를 앗아간다.

경멸의 결과는 "모멸이라는 처벌을 내린다"라는 문구에서 잘 표현된다. 경멸은 갈등으로 이어지며 직장이나 집단, 사회에서 가장 큰 갈등의 잠재 요인이기도 하다. 경멸은 경멸받는 자에 대한 배척과 사회적 고립을 의미한다. 그러므로 필리포 네리Filippo Neri의 말은 존중을 추구하는 사회에서 좌우명으로 삼을 만하다. "경멸을 경멸하라!"

## 냉소주의와 비아냥거림

냉소주의와 비아냥거림은 존중의 가장 힘든 적이다. 이들은 냉담, 망신, 경멸의 감정을 만들어낸다. 상대가 언어 감각이 뛰어나 냉소주의적 표현을 즐기는 사람이 아니라면, 냉소주의와 비아냥거림은 상대에게 수치심이나 심지어 무력감을 안겨준다. 무력감을 주는 공격을 어느 정도 수용하기 위해서는, 비아냥거림의 심리적 배경을 분석하여 공격의 힘을 느슨하게 하고, 비꼬기의 화살을 제거하는 방법을 고려해보는 것이 필요하다.

> 냉소주의와 비아냥거림 뒤에는 항상 강한 공격성이 도사리고 있다. 이는 대개 주변 동료나 주변 환경을 향한다. 그렇지만 이 화살은 종종 자신을 향하기도 하므로 여러 측면에서 존중을 방해한다.

어쩌면 여러분도 한 번쯤 들어보았을 '엄살'에 관한 농담을 예로 들어보자. 간호사가 주치의에게 달려가 외친다. "5번 방의 정신질환 환자가 침대에 죽은 채로 누워 있어요!" 그러자 의사가 대답한다. "그냥 엄살일 뿐이야!" 심각한 우울증에 시달리던 환자에게 연하장을 받고는 나는 씁쓸한 미소를 지으며 위의 이야기를 떠올려야 했다. 카드 앞면에는 "새해가 우리에게 가져다줄 것은……"이라는 글귀가 적혀 있었다. 카드 안에는 어떤 글귀도 적혀 있지 않았고 단지 하나의 그림이 그려져 있었다. 커다랗고 검은 관이었다. 아마도 그것은 우울증에 얽힌 그녀의 두려움과 절망감을 의미하지만, 자신에게 도움이 되지 못하는 치료사에 대한 무의식적인 공격성도 포함된 것 같았다.

냉소주의와 비아냥거림은 멸시와 경멸을 감추기 위해 잘 쓰이는 방법이다. 이 둘은 오늘날 사람들이 환호하는 감정적 '멋짐'과 약간의 지성이 결합한 표현 방식이다. 이는 이중적 의미를 담아 사람들에게 복잡한 사고와 감정을 일으키게 한다. 사실 냉소주의적인 발언은 종종 재치 있게 들리며 지적인 신선함도 가져다준다. 이는 표현 속에 감정적 냉담함과 함께 독창성이나 창의성이 담겨 있을 때 그렇다.

모욕적인 발언을 할 때, 어떤 냉소주의자들은 만족감을 얻는 듯하다. 어떤 이는 타인에 대한 앙심을 즐기고, 또 어떤 이는 수반되는 감정 반응을 드러내지 않으려고 한다. 또 많은 이들이 냉소주의에 쉽게 사로잡혀 경멸의 톤에서 벗어나지 못한다. 또 어떤 사람은 다소 미묘한 방식으로 비꼬는 말과 냉소적인 분석을 즐긴다. 하지만 이들 모두에게는 공통점이 있는데, 바로 내면의 억압된 공격성을 알지 못한 채 파괴적으로 자신을 드러내고, 냉소주의에 굴복하는 자신을 돌아보지 못한다는 점이다. 빈 의과대학의 저명한 한 학장은 환자가 사망한 경우, 특히 치료비를 높이 책정한다고 자랑스럽게 밝힌 적이 있다. "그렇지 않으면 유족들이 내 치료가 잘못되었다고 생각할 수도 있으니까요. 게다가 그 환자는 결코 나에게 다시 올 일이 없거든요."

> 냉소주의는 원시적이고 물리적인 폭력이 아니라 지적이
> 며 다소 감추어진 공격성의 형태다.

그런데 종종 냉소주의자는 경멸을 품은 해설자라는 안전한 위치로 뒷걸음질하는 불안한 사람이기도 하다. 파괴적인 비판에 지나지 않은 냉소주의는 대개 타인의 희생을 제물 삼아 보상받으려는 본인의 열등감을 드러내는 도구다. 그런 냉소주의자들도 종종 예민한 감정이나 불안감에 시달리는 경우가 많은데, 그런 감정을 일으킨 원인을 정확하게 찾아 표현하지 않고 조롱과 모호함 뒤에 숨기는 일이 많다.

냉소적인 사람들은 사회적 규범에 도전하고 기존 가치를 조롱하려는 욕구를 끊임없이 느낀다. 이들에겐 아무것도 신성한 것이 없다. 타인의 연약함 따위는 안중에도 없는 이런 사람들에게는 존중에 바탕을 둔 인연이 거의 불가능하다.

### 아프고 쓰린

냉소주의란 본디 도덕과 가치를 무시하고 자연상태에서 욕망이 없는 삶을 추구하는 철학적 방향과 삶의 방식을 일컫는 말이었다. 잘 알려진 냉소주의자는 시노프의 철학자 디오게네스 Diogenes로, 그는 평생을 통 속에서 살았다고 하며 매서운 비판 방식으로 인해 '키온kyon(개)'이라는 별명을 얻었다고 한다. 하지만

냉소주의라는 용어는 19세기에 의미가 바뀌어 조롱, 꾸짖음, 비웃음과 동일시되었다. 짖는 개로부터 파생된 냉소주의라는 용어로 인해 우리는 무의식적으로 독일어 'hundsgemein(개처럼 비열한)'이라는 단어를 떠올리게 된다.

유명한 냉소주의자인 오스카 와일드Oscar Wilde는 냉소주의를 '원하는 대로가 아니라 있는 그대로 보는 기술'이라고 말했지만, 일상적인 맥락에서는 주로 부정적인 의미를 내포하고 있다.

비슷한 심리적 배경과 모호한 용어 사용에도 불구하고 냉소주의와 비아냥거림은 같지 않다. 냉소주의는 성격적 특성으로 가까운 인간과 환경에 대해 지속해서 취하는 부정적인 태도지만, 비아냥거림은 상황과 순간에 더 초점을 맞추고 개별적 사례에 사용되는 경향이 있다. 비아냥거림은 좀 더 공격적이고 직접적이고 경멸적이며 원초적이다. 이는 다른 사람들에게 상처를 주거나 수치심을 주기 위한 신랄한 조롱이나 경멸을 의미한다. 그 단어의 어원을 보면 잘 알 수 있다. 고대 그리스어 '사르카제인sarkazein'은 누군가를 괴롭히는 것 외에는 다른 의미가 없다.

냉소주의와 비아냥거림 모두 상대에게 도발적인 태도를 보이고, 모든 것을 심각하게 조롱하고, 관습을 무시하고, 금기 없이 비판하는 것을 즐긴다. 냉소주의는 화기애애한 분위기를 해치고 지속적인 모욕감을 일으킬 수 있으므로 연인이나 부부 관계에서는 다툼으로 이어진다. 정치적 맥락에서, 이는 정치인에 대한 불신과 정치에 실망한 일반인들의 환멸을 조장한다.

마지막으로 냉소주의적인 태도와 관련해서, 매우 황당한 예를 들려주려고 한다. 한 유명한 산부인과 의사는 말기 암에 걸린 부유한 환자를 동료 의사에게 소개해주면서, 매우 비싼 의료 검사를 받게끔 하라는 내용의 소개장 끝에 다음과 같이 적었다. "황금 알을 낳는 거위일세. 배를 가를 시간이 얼마 남지 않았다네!"

## 상처를 주지 않는
## 비아냥거림

명예 훼손, 굴욕, 치욕 등은 한 개인을 비하하거나 모욕을 주기 위한 매우 구체적인 방법이다. 앞에서 설명된 여러 가지 방법을 통해 이에 대응할 수 있다. 하지만 모욕의 상황이 실제로 끊임없이 이어진다면, 이 문제를 해결하기가 늘 쉬운 것은 아니다. 그러면 전문적인 심리 치료를 고려해보는 것도 좋다. 그리고 무엇보다 자신에 대한 존중감을 잃지 않는 것이 중요하다. 자신을 존중하고 자긍심을 기르며 강화하는 것이 가장 필요한 대처 방안이다.

냉소주의와 비아냥거림에 대항하려면 우선 그것이 가진 아우라의 민낯을 드러내는 것이 필요하다. 냉소적인 표현은 결국 타인에게 상처를 주는데도 불구하고, 유머스럽고 지적으로 보이기 때문에 종종 사람들에게 멋진 인상을 남긴다. 하지만 몇몇 연구 결과는 냉소적이고 비아냥거림에 능한 사람들이 다른 사람들보다 더 똑똑하거나 창의적이고 자신감에 차 있는 게 아니라는 사실을 보여준다. 오히려 이들은 평균 이상의 공격적인 충동과 정서적인 결핍을 갖고 있다는 것이 증명되고 있다.

> 냉소주의자들을 대할 때는 겉보기에 유머스럽고 지적으로 보이는 말 뒤에 숨은 공격성을 항상 고려하는 것이 도움이 된다. 그들의 말이 우호적인 의미가 있는 경우는 거의 없기 때문이다.

냉소주의자들의 기를 죽이는 연구 결과는 더 많다. 핀란드의 한 연구 그룹은 냉소적인 사람의 경우, 조기 뇌 쇠퇴 위험이 크게 증가한다는 사실을 발견했다.[10] 쉽게 말해, 냉소주의자는 보통 사람들보다 치매에 걸릴 위험이 높다는 것이다. 과학자들은 냉소로 가득 찬 내적 불신이 지속적으로 스트레스를 유발하고, 점차 뇌를 잠식하기 때문이라고 본다. 독일의 한 연구는 심지어 냉소주의적인 태도와 낮은 수입과의 상관관계를 보여주기도 한다.[11] 연구원들은 냉소주의자들이 대체로 주변 사람들에 대한 신뢰도가 낮다는 점을 들어 이런 결과를 설명한다. 이들은 수익성이 좋은 협력 관계를 만들어갈 기회를 자주 놓치고, 문제가 생길 경우 타인에게 도움을 청할 수 없는 처지에 놓이는 경우가 많다는 것이다.

아이러니는 창의성과 공격성의 욕구와, 다른 사람들을 해치지 않기를 바라는 마음 사이의 갈등에서 벗어날 수 있는 대안이 될 수 있다. 이 은밀한 조롱은 종종 '멋진 형태의 비아냥거림'으로 표현되기도 하는데, 그 이유는 비아냥거림보다 타인에게 피해를 덜 주기 때문이다. 냉소적이고 비아냥거리기 좋아하는 사람들은 상처를 주려는 의도를 조심스럽게 위장하지만, 아이러니는 자신의 독창성을 보여주는 개그나 신랄한 농담에 더 가깝다.

아이러니한 표현은 또한 대개 특정 상대를 겨냥하기보다는 상황과 조건을 겨냥한 경우가 많다. "오늘은 지성의 날인데 축하 받을 만한 사람이 너무 없다는 게 아쉽군요"와 같은 말을 한다고 해서 그 누구도 개인적으로 공격받는다고 느끼지는 않는다.

그러나 아이러니는 종종 냉소주의와 비아냥거림으로 넘어가기도 한다. 이는 자기 조롱과 결합할 때 가장 잘 억제된다. 중국 철학자 장자莊子는 다음과 같이 말했다고 한다. "남을 아는 사람은 지혜롭다. 자신을 아는 사람은 절망한다." 네스트로이Nestroy 또한 다음과 같은 말을 남겼다. "나는 나를 비롯한 모든 인간이 최악이라 믿고 있으며, 그 믿음은 거의 틀린 적이 없었다."

> 아이러니의 기술은 자신이 생각하는 것, 확신하는 것과는 반대의 표현을 하는 데 있다.

아이러니, 냉소주의, 비아냥거림은 토론장을 활기차고 풍성하게 만들 수 있다. 조심스럽고 적절하게 사용하기만 한다면 이들은 언어 표현이라는 수프에 가미되는 소금과 같은 존재다. 창의성과 모호성을 통해 이들은 신선한 효과를 가져다준다. 하지만 그렇다고 남을 희생양 삼아 사용해서는 안 된다. 하지만 아이러니와 이와 유사한 표현들을 조심스럽게 사용하기만 한다면 존중에 아무런 해가 되지 않을 것이다. 다음은 비하에 대처하기 위한 세 가지 주요 전략이다.

## 권고 사항

자존감이 높고 자기 자신을 더 잘 알수록, 우리는 남이 나를 비하하는 공격을 하더라도 타격을 덜 받게 된다. 다음의 조언들은 말 그대로 여러분이 자신감을 얻는 데 도움을 줄 것이다.

- 자신이 남을 비하하지 않았는지 확인해보기: 우리 중 누구도 성자가 아니며, 우리는 대부분 때로 모욕의 피해자가 되지만 어떤 경우에는 가해자가 되기도 한다. 용기 있게 여러분 자신의 '죄'를 직시하고 앞으로는 되풀이하지 않는 것으로써 그에 대한 책임을 지도록 하자. 그것이 한편으로는 당신의 자존감을 강화하고, 다른 한편으로는 가해자에게 더욱 관대하도록 만들 것이다. 이는 '눈에는 눈, 이에는 이'라는 식의 상호 비방의 굴레에서 벗어나도록 당신을 도와줄 것이다.

- 자기 평가를 조심하자: 비하는 타인을 통해서만 경험하는 것이 아니다. 우리는 너무 자주 자신을 낮추고 "난 얼마나 바보 같은지!"와 같은 생각에 자신을 몰아넣는다. 의식적으로

자신의 강점에 더 많이 집중하고 "그래, 아주 잘했어!"와 같은 말로 자신을 칭찬하라.

• 존중을 더 명확하게 인식하라: 사람들은 긍정적인 경험보다 부정적인 경험을 훨씬 더 중요시하는 경향이 있다. 위험을 인식하는 것이 즐거운 상황을 즐기는 것보다 야생에서 생존하는 데 더 중요했기 때문에 진화 과정에서 필요한 부분이었다. 그러다 보니 우리는 종종 칭찬이나 인정에 지나치게 인색해진다. 칭찬이나 인정을 받게 된다면 그것을 존중이라는 선물로 여기고 마음 편하게 받아들이도록 하자.

# 8장

# 침묵은 존중의 표현이
# 될 수 있는가

"침묵하거나,

아니면 침묵보다

더 나은 말을 하라."


피타고라스
Pythagoras

"말은 은이고, 침묵은 금이다"라는 속담이 있다. 이는 맞는 말일까? 가령 침묵은 존중의 표현인가 아니면 미묘한 경멸의 언어인가? 침묵은 권력의 도구인가 아니면 자기 수양의 도구인가? 침묵은 기분이 상했다는 의미를 담고 있진 않은가? 침묵이 창의적인 상상력을 키우는가 아니면 나쁜 상상을 하게 만드는가? 침묵이 상대의 말문을 막히게 하는가 아니면 상대의 분노를 일으키게 하는가? 침묵이 말보다 더 많은 것을 말해주는가? 침묵이 충격을 극복하는 데 도움이 되는가 아니면 억압과 금기를 조장하는가? 침묵이 관계를 악화시키는가 아니면 두 사람의 감정을 더욱 견고하게 하는가?

존중의 틀 안에서 보면, 이 질문들은 좀 특이하지만 침묵이 얼마나 중요한지 보여주는 것들이다. 침묵은 매우 모순된 성질을 가지고 있어서 다양한 방식으로 해석될 수 있다. 우리는 언어의 힘에 대해 숱하게 이야기하지만, 반면 침묵의 힘에는 거의 관심을 기울이지 않는다.

침묵이 얼마나 다양한 형태로 나타나는지는 침묵과 관련된 수많은 특징에서 볼 수 있다. 침묵은 의미를 담을 수 있고 때론 민감하며 이해심이 많고 완고하며 위엄 있고 충실하지만, 뻔뻔스럽거나 상처를 줄 때도 있고 무섭거나 신경질적이거나 당황스럽고 부끄러울 때도 있으며 파괴적이고 공격적일 때도 있다. 여러분은 때로 오랜 침묵에서 마침내 깨어나거나 영원히 침묵 속에 자신을 가두기도 한다. 역설적으로 들리겠지만, 침묵은 아주 강렬한 의사소통의 수단 중 하나다. '말 없는 말'은 종종 심한 타격을 주는 말보다 훨씬 더 강렬한 메시지를 전달한다. 만약 침묵이 상대에게 실망감이나 상처를 주는 것이라면, 그것은 '웅변의 침묵'이라고 말할 수 있다. 침묵은 무관심과 무시로 받아들일 수도 있고, 한편으로 집중, 지혜, 평온함의 표현으로도 해석될 수 있다. 침묵은 때때로 비밀 유지, 묵비권과 같이 매우 중대한 행위로 여겨지기도 한다. 반면 무지와 무능, 공격과 경멸의 형태로 작용하기도 한다. 침묵은 종종 비판이나 항의를 위해 사용되기도 한다. 그러므로 침묵은 건설적일 때도 파괴적일 때도 있다.

# 침묵이
## 파괴적으로 작동할 때

침묵은 종종 상대에게 상처를 주면서 파괴적인 결과를 초래할 수 있다. 거절, 경멸, 증오를 표현하는 데 사용되기도 하고, 소통에서 배제된 사람에게는 침묵이 열등감과 무력감을 일으킨다. 이때 침묵하는 사람은 상대를 한마디 보낼 가치도 없고, 어떤 역할도 없는 존재하지 않는 사람으로 여기는 것이다. 수동적 폭력 혹은 심리적 학대라고도 불리는 이러한 유형의 무시는 상대에게 심각한 정서적 내상을 줄 수 있다. 보통 우리는 침묵이 충동적인 폭력과는 정반대인 것으로 알지만, 때로는 그저 단순히 폭력일 때도 있다. 말 없는 비난이 그 어떤 언어적 비난보다 더 수치스럽게 느껴지기도 한다. 그리스의 시인이자 정치가였던 소포클레스Sophocles도 "너무 깊은 침묵은 시끄러운 비명 소리만큼이나 치명적"이라고 말했다.

> 한 사람이 명백하게 무시당하고 눈길을 받지 못한다는 것은 관심이라는 존중의 기초가 결여되었다는 것이다.

차가운 침묵은 냉랭한 분위기를 조성하고 상대를 견디기 어렵게 만든다. 대화를 거부함으로써 파트너를 무시하는 행동은 가족이나 친구 사이 등 많은 대인 관계를 파괴한다. 파괴적인 침묵은 결코 존중과 양립할 수 없다.

특히 자기를 보호하기 위해 침묵의 벽을 세우거나 잘난 척 뒤로 물러서며 침묵하는 경우는 결국 자신을 고립시켜 우울증에 빠질 수 있다. 부부 사이에서 존중이 사라지면 침묵이 길게 이어지기도 한다. 물론 침묵이 깊은 유대감의 표현일 수도 있고, 때론 말 없이도 서로를 잘 이해하는 관계도 있다. 하지만 깊은 침묵이 오래 이어지면, 서로 가까이 있다고 해도 외로움을 느끼게 마련이다.

침묵의 피해자에게 침묵하는 사람이 중요한 사람일수록
그 힘은 더욱 강해진다.

많은 작가가 침묵이 주는 폭력과 고통을 다룬 바 있다. 토마스 베른하르트Thomas Bernhard는 『보리스를 위한 파티』라는 희곡에서 압도적이고 '물어뜯는 듯한' 침묵, 복종적이거나 공격적인 침묵을 묘사한다. 또한 드라마 〈대통령Der Präsident〉에서도 그는 침묵의 공포를 다루면서 과묵한 테러리스트의 정신을 분석한다. 그의 드라마를 보면 우리가 누군가의 침묵에 좌우될수록 그 사람에게 더욱 많은 관심을 갖게 된다.

침묵은 공격적인 혹은 위압적인 침묵으로 해석될 수 있다. 베른하르트의 세 번째 드라마 〈정년을 앞두고Vor dem Ruhestand〉는 '무심한 참여'에 대해 이야기하는데, 작가는 희생자들의 침묵, 공범들의 순응적인 침묵, 분위기를 장악하는 침묵 등이 판치는 공간을 작품에 그려낸다. 침묵을 공격적인 행위로 해석하는 것은 루돌프 전 친위대 사령관이 여동생 클라라의 침묵을 자신에 대한 증오로 받아들이는 인상적인 대목에서 알 수 있다.

살인적인 침묵에 대해서는 잉에보르크 바흐만Ingeborg Bachmann이 소설 『말리나』에서 훌륭하게 다루고 있다. 이 책에서 그녀는 언어 자체의 폭력에 대해 다루며 언어 폭력에 대항하는 침묵의 중요성을 강조하고, '말하지 않고 듣는 것'이자 '기다림의 메아리'인 침묵에 관해 이야기한다. 끝없는 열정으로 예민해진 일인칭 서술자는 침묵으로 자신을 대하는 예민하지 않은 연인으로 인해 자살의 상황으로 내몰린다.

침묵의 이유를 알 수 없을 때, 우리는 침묵하는 자를 의심하거나 스스로 죄책감에 빠지게 된다. 내가 무엇을 잘못했는지, 내가 상대방의 무엇을 다치게 했는지, 그가 왜 그렇게 많은 상처를 입었는지를 생각한다. 우리의 상상력은 아무런 설명이 없을 때 더 급격하게 커진다. 자신의 잘못이 뭔지 모른 채 애만 타고 상대를 향한 악감정도 커져만 간다. 죄책감과 무력감이 솟아오르고 복수심과 자신을 방어하려는 충동도 커진다. 극단적인 경우, 자신이 한마디 말도 들을 가치가 없는 사람이라는 생각이 들면, 살기 싫을 정도의 지독한 무력감에 빠질 수 있다. 이런 내면의 혼란이 다가갈 수 없는 침묵하는 사람을 향할 때, 더욱 큰 비극의 드라마가 발생할 수 있다.

## 죽음으로 이어진 침묵

86세의 남성 요제프는 팔걸이의자에 앉아 있던 아내의 등과 목을 칼로 여러 번 찔러 숨지게 했다. 이후 그가 경찰에게 진술했듯이, 그가 아내를 뒤에서 공격한 것은 아내의 눈을 똑바로 보고 싶지 않았기 때문이다. 그러고 나서 그는 자살을 시도했지만 실패했다.

수사관들은 처음에 요제프의 사건을 노년의 부부가 서로 혼자 남는 걸 두려워하여 실행한 '동정심 살인'이라고 보았다. 하지만 수사 과정에서 노인은 그와 아내 사이에 존재했던 침묵에 관해 이야기했다. 아내는 그의 말에 어떤 대답도 하지 않았고, 의견을 말하거나 묻는 일도 없었다. 결국에는 단 한마디의 말도 하지 않는 날이 이어졌다. 주치의에 따르면, 아내의 침묵은 진단을 해보진 않았지만 치매의 가능성도 있었다. 요제프는 "의사소통을 하려고 아무리 애원을 해도 아무런 효과가 없었다"라고 말했다. 그래서 그는 "말할 것이 없는 사람은 살아야 할 이유가 없다"라며 함께 죽기로 했다.

공격적인 침묵은 뇌에도 흔적을 남긴다. 감정의 생성과 처리를 담당하는 뇌 영역인 대상회Gyruscinguli는 침묵 때문에, 더 정확하게는 '완고한 침묵'에 의해 활성화된다는 것이 증명됐다. 이는 두통과 수면 장애, 피로와 소화 불량과 같은 신체적 증상을 일으킨다. 만약 어떤 사람이 오랫동안 침묵 속에 지내게 된다면, 이는 혈압 상승과 신진대사 장애, 면역 체계의 약화로 이어지며 어쩌면 암을 일으킬 수도 있다.


## 침묵이
## 존중에 바탕을 둘 때


수많은 격언이나 속담에서 침묵은 덕목이자 지혜로운 행동이며 훌륭한 인격과 품성의 상징으로 칭송되기도 한다. 그리스의 철학자이자 역사가인 플루타르코스Ploutarchos는 『도덕론』에서 "적절한 때에 침묵을 지키는 것은 지혜의 표상이며 종종 어떤 연설보다 훌륭하다"라고 했다. 스코틀랜드의 철학자이자 저술가였던 토머스 칼라일Thomas Carlyle도 비슷한 주장을 펼쳤다. "침묵은 영원처럼 깊고, 대화는 시간만큼 얕다." 또 위대한 풍자 작가였던 하인리히 하이네Heinrich Heine는 침묵이 "행복의 가장 높은 형태"라는 생각을 하기도 했다.

침묵은 감정적으로 격앙된 논쟁이나 창조를 위한 휴식, 혹은 심리 치료에서도 빛날 수 있다. 자기 생각을 억누르고 상대의 말을 주의 깊게 들으며 곰곰이 되짚어본다면 침묵은 아주 훌륭하고 생산적인 도구가 된다. 좋은 대화가 상호 공명에 기초한다면, 침묵은 대화의 필수 요소다. 이상적인 관계는 말없이 서로를 이해할 수 있으며 맹목적으로 서로에게 기댈 수 있다. 감정적으로 힘든 상황에서 침묵은 서로를 진정시켜주는 묘약이 되기도 한다. 날카로운 언어가 멈추는 것만으로도 폭발할 것 같은 상황이 진정되는 것이다. 협상 테이블에서 침묵은 긴장감을 조성하여 상대방을 불안하게 하거나, 질문에 답하지 않는 식으로 전술적 묘책으로도 쓰인다.

수사학에서 침묵은 화자가 자신에게 집중하고 내면의 평정을 찾으려 할 때나, 문장 사이의 성찰을 요구할 때 사용하는 장치다. 어떤 연사와 강사들은 적절하게 말을 끊고 이어가는 방식으로 말하고자 하는 바를 확실하게 강조하는데, 바로 침묵의 기술을 능란하게 사용하는 것이다.

## 중요한 차이

침묵이 존중에 바탕을 둔 것인지는 그 의도와 영향에 따라 잘 판단해야 한다. 침묵은 상대를 향한 존경의 태도를 표현하기 위해 사용되기도 한다. 서로를 잘 알고 신뢰하는 사람들 간의 일은 종종 굳이 말로 조율할 필요가 없다. 연인들은 보통 말없이도 서로 깊은 감정을 나눌 수 있다. 또 종교인들은 침묵 속에서 신과 소통한다. 존중에 바탕을 둔 대부분의 침묵은 감정적 맥락이 중요한데, 서로의 감정과 기대가 긍정적이고 적절하면 굳이 말이 필요 없어지는 것이다. 이처럼 우리는 사려 깊은 침묵을 통해서도 상대방의 감정과 생각을 느낄 수 있다. 하지만 이를 위해서는 말없이 소통하는 양자 모두 어느 정도 감정 지능이 필요하다.

## 감정 지능Emotionale Intelligenz

이 용어는 심리학자인 존 마이어John D. Mayer의 말에서 유래되었다. 마이어는 자신의 감정과 타인의 감정을 인식하고 각각의 맥락에서 그것들을 올바르게 이해하는 우리의 능력에 대해 설명했다. 감정 지능의 도움으로 우리는 감정을 조절하고 충동적 반응을 억제할 수 있다. 존중과 관련하여 감정 지능은 공감력을 책임지는 부분이므로 중요한 역할을 한다. 또한 자신의 행동을 분석하고, 필요하다면 변화를 일으켜 사람과의 관계를 만들어가는 데 도움을 준다. 오늘날 감정 지능은 개인뿐 아니라 사회 전체의 성공에 결정적인 요소로 여겨진다. 이는 주로 감각을 통해 감지한 것을 생각과 정신적 활동으로 펼치는 고전적 인지 능력을 보완하는 역할을 한다.

침묵은 암묵적인 동의의 표현으로 승인을 의미하기도 한다. 완전한 감정적 합의는 굳이 말이 필요하지 않다. 세계의 많은 문화권에서 기념일에 묵념의 시간이 주어진다. 때로 사람들은 무력감을 표현하기 위해, 또는 무언가를 보호하기 위해 침묵을 지키기도 한다. 침묵은 방어와 저항을 표현하는 데 사용될 수 있다. 침묵은 내면의 평화와 평온을 드러내기도 한다. 평화로운 침묵 속에 잠겨 있는 사람은 쉽게 방해받지 않고 거센 파도 속의 바위처럼 모든 격랑의 감정을 추스르기 때문에 주변 사람들에게 안정감을 준다.

침묵은 치유력을 가지고 있는데, 다양한 심리 치료에서 사용될 뿐 아니라 특히 신경이나 근육의 긴장을 풀어주는 이완 운동에서 침묵이 사용되는 것은 바로 이런 이유에서다. 명상과 성찰이 결합한 침묵도 있다. 이는 종교와 철학에서도 매우 중요한데, 사색과 성찰 그리고 내면 수련을 위한 역할을 하기 때문이다.

존경과 경건함으로 채워진 침묵은 존중의 특별한 표현이다. 이는 더 할 말도 비판도 논평도 필요 없다는 의미를 담고 있다. 경험 그 자체나 너무나 감동적이어서 말은 그저 방해될 뿐이다. 그리하여 이러한 침묵은 감탄 그리고 겸손의 표현이다.

# 9장

# 오직 자기 자신만을 향한
# 존중

"나르시시즘은

인간 발달의 첫 단계이며

그 이후에 다시 이 단계로

돌아가는 사람은 사랑을 할 수 없다.

극단적인 경우,

그는 정신적으로 병든 사람이다."

에리히 프롬
Erich Fromm

우리는 이미 〈왜 감정에 굶주리게 되었는가〉에서 이 주제를 다룬 바 있다. 그런데 개인의 태도로서 많은 사람에게 질타를 받는 나르시시즘은 존중과 무슨 관계가 있을까? 크게 두 가지 이유로 생각해볼 수 있다.

1. 긍정의 감정이 오직 한 방향, 즉 자기만을 향하게 되면 사회적 상호작용이 이루어질 수 없다. 간단히 말해서, 모든 존중이 오직 자기 자신만을 향한 것이라면 남에게는 줄 것이 별로 남지 않는 것이다. 그리하여 필연적으로 대인 관계에 어려움이 생기고 궁극적으로 모든 사람으로부터 외로움을 느끼게 될 것이다.
2. 타인을 비하하고 깎아내리는 태도는 나르시시즘의 기본

요소다. 심층심리학은 나르시시즘을 자신보다 더 강하고 더 능력 있고 더 똑똑하게 보이는 타인에 대한 부러움으로 해석한다. 자신보다 나아 보이는 것들은 열등감에 시달리는 자아도취적인 사람에게 위협적인 영향을 미치며 부러움의 감정을 불러일으킨다. 나르시시즘은 타인에 대한 존중에 대항하는 시기심이라는 심리적 뿌리까지 향한다.

## 나르시시즘의
## 특징

나르시시즘의 본질을 들여다보면 우리는 존중과 극명한 대조를 이루는 특징을 쉽게 찾을 수 있다. 나르시시즘 장애의 증상은 다음의 다섯 가지 주요 범주로 요약할 수 있다.

1. 자아 중심: 나르시시스트는 항상 자신을 중심으로 주변을 바라보고, 자신의 주변만을 끊임없이 맴돈다.
2. 이기심: 어떤 칭찬이나 인정, 사랑에도 결코 만족하지 못한다.
3. 민감성: 매우 쉽게 상처를 받는다
4. 공감 부족: 남에게 공감하거나 타인의 생각을 고려하지 못한다.
5. 타인을 비하하기: 자신이 더 가치 있는 사람이라 느끼고자

타인을 비하한다.

나르시시즘은 존중과 반대되는 특성을 가진다. 나르시시스트는 모든 것을 일인칭 관점에서만 인식한다. 상대의 관점을 고려하거나, 자신의 판단을 의심하거나 반추하는 것은 이들에겐 낯선 일이다. 나르시시스트는 "나는 이 그림이 마음에 들어요"라고 말하지 않고 "이 그림이 아름답군요"라는 식으로 자신의 평가를 일반적인 기준점으로 삼으려 한다. 나르시시스트가 어떤 음식을 싫어한다면 그것은 자신의 취향이 아니라, 모든 사람의 기준에 맞지 않는 나쁜 음식이기 때문이다. 그(그녀)의 생각은 철저히 독창적이고, 그(그녀)의 기술은 독특하며, 그(그녀)의 분석은 나무랄 데가 없다. 더불어 나르시시스트들은 너무 쉽게 상처를 받으며 종종 편집증적으로 세상을 대한다. 그(그녀)는 세상 모든 사람이 자신을 공격하고 인정하지 않는다고 느끼며, 자신이 남들에게 무시당하고 존중받지 못하고 있다는 두려움을 끊임없이 갖는다. 이는 나르시시스트의 내면에 깊이 자리 잡은 자신의 가치에 대한 불안감 때문이다.

나르시시스트는 자신에게 얼마나 많은 인정과 칭찬을 해줄 수 있는지를 기준으로 주변 사람들을 판단한다. 나르시시스트는 대부분 자신의 아우라를 이용해 상대를 조종하고 수단화하는 방법을 알고 있다. 이들은 인간의 존엄성 따위에는 관심이 없다. 단지 타인의 존재가 자신의 필요와 목적에 얼마나 유용한지를 볼 뿐이다. 타인은 별다른 가치가 없으며 자기애적 욕구를 충족시키기 위한 수단일 뿐이다.

> 나르시시스트의 피해자들이 자신을 지켜내기 위해서는 조작에 능한 나르시시스트의 아우라에 속지 말고 이들에게 선을 확실하게 그음으로써 자신을 단호하게 방어할 필요가 있다.

## 나르시시스트의 아킬레스건

나르시시즘은 종종 자기애로 잘못 번역된다. 나르시시스트는 타인은 물론이고 자신조차 진정으로 사랑할 수 없으므로 이는 오역이라 할 수 있다. 이들은 '아무리 받아도 충분하지 않고 멈출 줄을 모르는 병'인 이기주의에 시달린다. 이들에겐 헤로인이나 코카인이 아닌 감탄과 칭찬이 바로 마약이다. 이들의 자신을 향한 애정과 인정에 대한 욕심은 끝이 없다. 마약 중독자처럼 복용량과 복용 빈도를 끊임없이 올려야 한다. 이들의 금단 현상은 몸이 떨리고 식은땀과 구역질이 나는 것이 아니라 내면에 일어나는 공허함, 우울함, 두려움, 질투심이다. 하지만 마약이 중독자에게 실질적인 만족감이 아니라 피상적인 도취감만을 주듯이, 강요된 칭찬은 나르시시스트에게 진정한 존중감을 안겨주지 못한다.

나르시시스트의 끊임없는 인정 투쟁은 그 사람을 만성적인 스트레스에 빠지게 한다. 왜냐하면 그들은 겉으로 당당하고 자신감에 차 보이지만 근본적으로 두려움과 집착에 사로잡힌 사람이기 때문이다. 이 스트레스는 결국 심리적 탈진으로 이어지는데, 종종 나르시시스트들이 겪는 심신 불안 상태가 이를 설명해준다.

## 박수! 박수!

유명한 경제학자 길베르트는 훌륭한 연설가로서 여러 곳에서 초대받아 연설을 하곤 했는데 종종 심한 편두통 발작을 겪곤 했다. 이는 대개 수많은 청중 앞에서 연설한 후에 일어났다. 길베르트는 연설에서 너무 많은 에너지를 쏟아냈기 때문이라고 생각했다. 사실 야심가이자 전문가로서 그는 최상의 프레젠테이션을 하고 최고의 찬사를 받는 것이 매우 중요한 일이었다. 그는 자신의 조수에게 다른 연설가들이 받은 박수 시간을 재서 기록해두라는 지시까지 했다. 그런데 다른 연설가가 더 오랜 시간 동안 박수를 받은 날에는 편두통이 훨씬 더 빈번하게 그를 공격했다.

신학자 칼 라너Karl Rahner는 나르시시즘에 대해 이렇게 정의를 내린다. "나르시시즘은 오직 자신만을 데우는 난로다." 이는 타인을 향한 연민, 공감, 동정, 자비, 존중 등을 만들어내는 감정 에너지의 결핍을 뜻한다.

자기애적 나약함과 예민함을 가진 나르시시스트를 상대하기란 어려운 일이다. 어떤 건설적인 비판도 자신을 향한 모독으로 인식하는 극도로 까칠한 태도는, 그 자체가 나르시시스트 내면의 불안을 증명한다. 비 한 방울조차 그의 예민한 피부에는 화살촉처럼 따갑게 느껴진다. 그러한 나약함과 예민함은 겉으로 자신만만해 보이는 나르시시스트에게 아킬레스건 같은 부분이라 할 수 있다.

## 그럼 수프는 어땠어요?

자신의 외모에 자부심이 넘쳐 보이는 한 여성이 사무실로 들어왔다. 정확히 말하면, 파비엔느는 마지못해 남편을 따라 치료 상담사를 찾은 것이다. 그녀는 몇 주 동안 아무 말도 하지 않았다. 남편의 간절한 호소에도 아무런 응답을 하지 않았다. 남편의 말에 따르면, 그녀는 자신이 당한 모욕을 침묵을 통해 나타내는 것이었다. 남편은 자신이 무엇을 잘못했는지도 모르면서 죄책감을 느껴야 했다.

지루한 대화 끝에 마침내 파비엔느가 이야기를 시작했다. 두 사람은 몇 주 전에 손님들을 초대했는데, 파비엔느는 여러 가지 요리를 했고 자신이 멋진 여주인이라는 것을 한껏 드러냈다. 식사가 끝나갈 무렵, 남편은 부인에게 칭찬을 퍼부었다. "당신 요리는 정말 훌륭했소. 고기가 얼마나 부드러웠는지 천국의 맛이었어!" 하지만 그의 배려가 미처 보지 못한 것은 맛있는 수프와 다른 훌륭한 요리들 그리고 모든 것을 능가하는 디저트에 대해 한마디도 하지 않았다는 것이다.

## 남의 희생을 요구하는 위대함

나르시시스트는 감정이 모조리 자신을 향해 있으므로 타인의 마음에 공감하기 어렵다. 이들은 타인의 감정 따위에는 관심이 없고 타인이란 그저 상대하고 싶지 않은 이방인에 지나지 않는다. 그러므로 우리가 나르시시스트와 감정의 교류를 나누고자 할 때 대부분 좌절되거나 움츠러들게 되고, 따라서 진정한 교감을 느끼기는 매우 어렵다.

감정이입은 존중의 전제 조건이다. 또한 감정이입 부족은 냉혹하고 악의적인 온갖 범죄들의 근본적인 원인이 되기 때문에 상당히 위험한 태도이기도 하다. 그러므로 심각한 성격 장애가 있는 정신질환 범죄자들이 낮은 공감력을 보이는 것이나, 가학적인 성적 착취를 동반한 살인 범죄가 공감력 결핍의 끔찍스러운 한 형태라는 것은 놀라운 일이 아니다.

지금 당장 살인 같은 범죄를 저지르는 것은 아닐지라도, 나르시시스트는 주변 사람들에게 언제든지 심각한 상처를 줄 수 있다. 처음에는 그저 냉소주의와 비아냥거림이었다가 점점 더 파렴치해지고 때로는 가학적인 형태로 주변인을 비하하게 된다.

존중의 적인 경멸은 나르시시즘의 핵심 요소다. 겉으로 드러나는 거창함과 독특함을 숭배하는 나르시시스트는 주변 사람들을 경시하고 비웃고 비하하는 데 익숙하다. 그들은 거창한 겉모습 뒤에 의심과 실패에 대한 두려움을 감추고 있기 때문에, 끊임없이 열등감과 싸울 수밖에 없고 무의식적으로 '외눈박이 왕의 태도'를 보이게 된다. 즉, 이들은 오직 자신보다 못하다고 여겨지는 눈먼 이들에게 둘러싸여 있을 때 강력한 지도력을 유지할 수 있다.

나르시시스트는 주변 사람들을 비난하고 모욕하고 비웃지 않고는 견디지 못하는 부류들이다.

과거의 연쇄 살인범과 폭군들의 성격을 분석한 자료를 보면, 공감 부족과 타인을 비하하는 태도가 뚜렷하게 드러난다. 과거의 폭군들은 흔히 말하는 것처럼 제정신이 아니거나 미친 사람이 아니었다. 오히려 이들은 '악의적인 나르시시즘'의 인격을 가졌다고 할 수 있다. 그 예로 유대의 왕 헤롯이 있다. 그는 자신의 명예를 드높이기 위해 수많은 건축물들을 세웠다. 대부분의 악성 나르시시스트들처럼, 그는 끊임없이 자신이 박해당한다는 망상에 시달렸다. 기록에 의하면, 그리스도의 탄생을 두려워하여 베들레헴 일대의 유아들을 살해했고, 당대 가장 아름다운 여성으로 알려진 그의 아내 마리암네를 반역죄로 고소했으며, 자기 아들 중 세 명을 처형했다고 전해진다. 또한 그가 죽음을 맞이할 때 수천 명의 죄 없는 젊은이들을 죽였다. 왕의 위대한 지위에 걸맞은 애도를 하려면 그 정도의 희생이 필요하다는 것이었다.

## 나르시시즘과 카리스마

나르시시즘이 카리스마와 다른 점은 나르시시즘 성향의 사람에게 볼 수 있는 극심한 취약성과 끊임없이 타인을 비하하려는 충동에 있다. 카리스마가 넘치는 사람도 높은 자신감과 확고한 자기주장을 가지고 있다. 그러나 나르시시스트와는 대조적으로 그는 타인을 깎아내리는 것으로써 자신감을 채우지 않으며, 타인의 비판에 대처할 수 있을 정도로 자신감이 넘친다. 또한 자신의 주변에 있는 다른 인재들도 너그러이 대하며 이들을 인정할 줄 안다. 카리스마를 가진 사람은 건강한 자신감으로 주변 사람들을 대하는데, 이는 나르시시스트에게는 불가능한 태도다.

## 나르시시스트의 형제, 오만함

오만함Arroganz은 나르시시즘과 밀접한 관계이고, 존중과는 반대되는 개념이라 할 수 있다. 이는 과거에 교만하고 거만한 행동을 가리키는 단어이기도 했다. 교만을 뜻하는 '호페르티그hoffärtig'라는 단어는 '고귀하고, 자랑스럽고, 웅장하다'라는 뜻의 중세어에 그 뿌리를 두고 있지만, 오늘날에는 가식적이고 오만하고 거드름 피우는 것을 의미하는 표현으로 사용되고 있다.

오만에 찬 행동들은 대부분의 나라에서 비난받아 마땅한 행동으로 여겨진다. 잠언에 나오는 다음의 구절은 유명하다. "교만은 멸망의 선봉이며, 거만함은 몰락의 앞잡이다." 이 말에는 교만은 필연적으로 처벌받는다는 것, 즉 드높이 쌓아 올린 자신의 왕국을 결국 몰락시킨다는 교훈이 담겨 있다. 기독교에서 교만은 탐욕, 시기, 분노, 정욕, 탐식, 나태와 함께 7대 죄악 중 하나며 이후에는 주된 죄악으로 불리게 되는데, 그 이유는 교만이 인간의 삶에 위협이 될 뿐 아니라 다른 죄악의 근원이 되기 때문이다.

오만은 자신의 능력을 과대평가하는 과신과는 다르다. 또한 자신이 도덕적으로 우월하다고 인식하는 독선적 태도와도 구별되어야 한다. 종종 같은 의미로 활용되긴 하지만, 자신의 특별한 성취나 사람 됨됨이에 대해 가질 수 있는 자부심과도 다르다. 건강한 자부심은 항상 긍정적인 감정과 연결되어 있고 다른 사람들을 희생시키지 않는다. 자신의 결점에 대한 잘못된 반응이나 비난받을 만한 행동으로 이어지지 않는 한 자부심은 오히려 자존감을 증진하고 자기 가치를 높인다.

> 현대 신학적 관점에 따르면, 오만은 공감 능력을 포함한 자신의 인간성을 받아들이지 않는 것으로 해석한다.

공감 부족을 특징으로 하는 오만함은 항상 사회적으로 거리두기를 지향하기 때문에 존중에 바탕을 둔 행동을 방해한다. 문화마다 오만하게 여겨지는 행동의 기준은 다를지라도, 우리는 종종 오만한 사람이 하는 행동에 따르는 심리적 불안을 읽을 수 있다. 이는 특히 오만한 사람이 낯선 환경에서 피할 수 없는 행동을 해야 할 때 더욱 잘 드러낸다.

### 기분이 상한 증인

한스피터는 자신의 분야에서 매우 유능한 의사다. 어떤 실수도 용납하지 않으며 오만한 옛날 의사의 태도를 지니고 있었다. 어느 날 그에게 낯선 역할이 주어졌다. 막대한 유산을 남기고 사망한 한 환자의 정신질환 진단 정보를 제공하기 위해 법정에 증인으로 서야 했다.

병원과는 전혀 다른 위계질서가 팽배한 낯선 상황에서 한스피터는 권위주의자들이 흔히 하는 행동으로 자신을 방어하려 했다. 당찬 젊은 변호사가 법정에서 "이의 있습니다……"라는 말로 그에게 질문을 시작하자, 한스피터는 눈에 띄게 기분이 상한 반응을 보였다. 그는 질문자에게 눈길도 주지 않은 채 법률 회사 쪽을 향해 "나에게 시비를 걸다니……"라며 경멸 섞인 몸짓을 보이며 일갈했다. 한스피터는 분명히 법 체계라는 다른 언어에 익숙하지 않았고, 거기서 오는 불안을 오만함이란 수단으로 누그러뜨리려 한 것이다.

오만함은 '불안에서 비롯된, 거리를 두기 위한 태도'이며, 불안하고 자기 회의적인 사람들을 보호하는 역할을 한다. 그러므로 미성숙하고 정서적으로 불안정한 사람들이 종종 오만이라는 마약에 의지하는 것은 우연이 아니다.


## 나르시시즘의 처방약은
## 존중

나르시시즘적 행동은 동업자, 가족, 직장 동료들을 매우 힘들게 만든다. 처음에 그들에게 매력을 느끼던 주변 사람들도 타인을 희생시켜 자신을 높이는 모습을 보고는 매력을 잃게 된다. 나르시시스트는 점점 자신을 숭배하도록 강요하는데, 이는 누구도 견딜수가 없다. 예스맨이나 그들의 나팔수 역할을 자처하며 만족하는 사람은 아무도 없을 것이다.

나르시시즘적 성향의 사람을 대할 때 존중을 과소평가해서는 안 된다. 나르시시스트와 소통하는 방법은 존중의 태도를 보이는 것이 유일하다. 약물 중독을 치료하려면 중독성 물질을 적절히 사용하다가 복용량을 점차 줄여야 하는 것과 비슷하게, 나르시시스트가 현실을 직시하게 하려면 그(그녀)의 마약인 관심과 인정이 필요하다. 하지만 그(그녀)에 대한 감정은 진실해야 하고 현명하게 사용해야 한다. 그리하여 나르시시스트에게 자신감을 불어넣어 칭찬과 거짓 찬미 없이도 이들이 삶을 잘 살아갈 수 있도록해야 한다.

한편, 앞에서 존중 결핍이 나르시시즘의 증가 원인으로 말한 바 있는데, 여러분은 존중의 능력이 자기 가치를 인정하는 데서 커진다는 사실에서 모순을 지적할 수도 있다. 하지만 나르시시스트들이 남몰래 열등감으로 고통받으며, 자기 가치에 대한 회의와 실패에 대한 두려움으로 외부의 인정에 집착한다는 사실을 알면 관점은 달라질 것이다.

그리고 지나친 나르시시즘과 존중 결핍이라는 상반된 문제를 해결하려면, 적절한 관심과 인정을 올바른 방식으로 주는 것이 필요하다. 자기 가치는 겉으로만 표하는 칭찬이나 억지춘향식 인정으로 강화되는 것이 아니며, 진정한 인정과 마음을 담은 칭찬을 통해서 얻어질 수 있다.

한 가지 분명히 해야 할 것은 나르시시즘은 본질적으로 나쁜 것이 아니며, 중요한 것은 적절한 수준을 지키느냐의 문제라는 것이다.

긍정적인 성격 발달을 위해서는 누구나 건강한 수준의 나르시시즘이 필수적이다. 그렇지 않으면 지속적인 열등감과 만성적인 불만족, 정신적 장애가 커질 수 있다. 오늘날 널리 퍼져 있는 나르시시즘의 '민주화'는 여러 긍정적인 측면이 있지만 타인의 희생을 전제로 이루어져서는 안 된다. 누군가의 나르시시즘적 행동으로 타인이 고통의 문턱에 다다른다면 이는 분명 안 될 일이다. 특히 나르시시즘이 주요 사회적 분위기를 형성할 때 감정적인 냉담함과 사회적 연대 상실의 위험이 증가한다. 이것은 존중 결핍이라는 전반적인 사회 분위기를 조장한다.

나르시시스트들을 상대할 때, 나르시시즘적 무시와 비하로부터 가능한 한 상처 입지 않고 자신을 보호하는 전략이 필요하다. 다음의 세 가지 권고 사항을 참고하기 바란다.

### 권고 사항

1. 평정심을 가져라. 모욕이 여러분을 잠식하지 않고 나르시시스트가 여러분에게 공격하려는 의도를 곧바로 알아채려면, 어느 정도 평정심이 필요하다.

2. 웃음과 유머가 도움이 된다. 둘 다 긴장을 완화시키는 효과가 있고, 또한 나르시시스트는 이 두 가지를 무시하지 못하기 때문이다. 그들은 내적인 열등감 때문에 자신이 비웃음을 당할까 두려워한다. 여러분이 그 사람을 차분한 태도로 대한다면 그도 여러분을 존중할 것이다.

3. 나르시시즘적 성향의 사람이 절대 성격을 바꾸지 못하고 어떤 긍정적인 개선의 가능성도 안 보인다면 그 사람에게서 여러분의 가치를 지킬 수 있는 유일한 방법은 그 사람과 거리를 두는 것이다. 여러분에겐 고통스러운 결정일지 모르지만 여러분의 건강을 위한 것이다!

# 10장

# 존중 결핍이 낳는
# 악의 얼굴들

"주먹을 쥐고는

악수할 수 없습니다."


인디라 간디
Indira Gandhi

존중 결핍은 눈에 잘 띄지 않는다. 이는 내면의 문제고 극적으로 드러나지 않는 경우가 많기 때문에 관심을 덜 가지거나 과소평가하기 쉽다. 하지만 우리는 애정과 관심의 욕구가 채워지지 않을 때, 그 결과가 공격적이거나 자기 파괴적인 형태로 나타나는 걸 자주 보게 된다.

일반적으로 존중 결핍에 의한 피해자들의 반응은 정상적/비정상적 반응, 건강한/병적인 반응, 외향적/내향적 반응, 능동적/수동적 반응 그리고 공격적/자기 공격적 반응으로 나눌 수 있다. 여기서 후자의 반응을 살펴보자. 자신이 느낀 실망과 좌절감을 삼키고 표현하지 않는다면, 이는 우울증이나 심신 장애 같은 심리적 문제를 초래할 수 있다. 비극적인 것은 이 같은 상황이 더 진전되면 그 끝은 최악의 자기 공격인 자살이라는 것이다. 우리 인간은 자신이 더 이상 아무 가치가 없다는 느낌을 받거나 삶에서 어떤 가치도 찾을 수 없을 때 자살을 선택한다. 다음의 사례는 그 비극적인 모습을 보여준다.

### 의미도 가치도 없이

70세의 안나는 양로원의 발코니에서 투신해 목숨을 끊었다. 어느 날이었다. 그녀는 여느 때처럼 사람들과 함께 라운지 소파에 앉아 있었다. 그녀는 조용히 일어나 의자를 발코니로 가져가더니 그 위에 올라섰다. 그러고는 얼굴에 미소를 잠시 띠고 훌쩍 난간을 뛰어넘었다.

안나는 눈에 잘 띄지 않는, 겸손하고 꾸밈없는 노인이었다. 남편이 죽은 후 아무도 그녀를 찾아오지 않았고 심지어 그녀에게 오는 우편물도 없었다. 양로원의 직원들은 그녀의 죽음을 누구에게 알려야 할지조차 몰랐다. 안나의 방에는 "당신이 누구에게도 가치가 없다면, 그 삶은 어떤 가치도 의미도 없다"라는 작별의 메시지가 낡은 편지지에 고운 글씨로 적혀 있었다.

존중 결핍의 피해자는 사람들에게 공격을 가할 수 있고, 더 나아가 돌이킬 수 없는 범죄를 저지를 수도 있다. 이는 가족 간의 범죄뿐 아니라 폭력의 형태로 벌어지는 인정 투쟁, 무력 충돌에 이르기까지 다양한 형태로 나타날 수 있다.

# 환멸 또는
# 불시의 각성

만약 누군가가 오랫동안 긍정의 관심을 바라다가, 자신이 무시의 늪에서 절대 벗어날 수 없다는 것을 마침내 깨닫게 된다면 환멸감이 찾아들 것이다. 환멸은 '열정이라는 광기의 끝'이라 정의할 수 있다. 그 열정은 애정과 존경을 바라는 마음이다. 우리는 존중의 욕구가 감정적으로 너무 앞선 나머지 현실감이 떨어지고 신중함을 잃을 때가 있다. 그리하여 어느 순간 자신이 사랑받지 못하고 상대에게 하찮은 사람일 뿐이라는 것을 분명하고 현실적으로 깨닫게 될 때, 그 비참함은 엄청나게 클 수밖에 없다.

이러한 불시의 각성을 '현실 타격'이라고 부른다. 이는 각성의 주체에게 상당한 충격과 동시에 사회적 지위에 대한 불확실함을 가져다준다. 또 주체가 차가운 현실과 직면하게 되면 실망에서 비롯된 내적 상처를 입게 된다. 실망은 자신이 속았다는 자각을 의미한다. 그 속임수가 자신의 실수에 의한 것이라 여겨지면 환멸이 더욱 쓰라리게 느껴진다. 그럴 때 우리는 종종 죄책감과 자기 회의에 빠지며 좌절감을 느끼게 되고, 어떤 경우에는 오로지 차갑게만 느껴지는 세상에 대한 복수심까지 느끼게 된다. 이러한 감정의 뿌리가 오늘날 일어나는 폭력과 범죄의 주요 원인 중 하나다. 존중의 욕구가 얼마나 중요한지는 소위 명예 훼손 범죄뿐만 아니라 종종 가해 의도가 불분명한 범죄를 통해서도 드러난다.

## 느닷없이 분출하다

"존중, 존중, 존중!" 목격자에 따르면 로날드는 이미 쓰러져 목숨을 잃은 피해자를 칼로 찌르면서 정신 나간 사람처럼 소리쳤다고 한다. 경찰이 도착했을 때 그는 피투성이인 채로 시체 위에 엎드려 울면서 "나를 받아줬더라면……"이라고 중얼거렸다. 부검을 한 검시관은 몸집이 큰 사체에 난 칼자국이 31개라고 했다. 그것은 '과잉 살해'였다.

허약한 청년 로날드는 가족 붕괴와 정서적 무시, 과잉 행동과 학습 장애, 대마초 남용과 학교 중퇴 등 불우한 청소년에게서 자주 볼 수 있는 사연을 가지고 있었다. 그는 자라면서 자주 무시당하거나 거의 존중받지 못한다고 느꼈고 열등감에 시달렸다. 어쩌면 가족에게 얻을 수 없었던 안정감을 얻고자 했겠지만, 로날드는 비행 청소년 그룹에 가입했다. 그는 멤버 중 가장 어리고 작고 약했고, 그룹 내에서 '꼬마'라고 불렸다. 특히 피해자가 된 갱단의 두목은 끊임없이 그를 놀리고 무시했다. 하지만 로날드에게는 무엇보다 간절한 소원이 있었으니, 아버지처럼 강한 두목에게 자신이 단 한 번이라도 인정받는 것이었다. 그러면 자신이 갱단의 일원으로 동등하게 받아들여질 수 있으리라 생각했다. "그럼 분명 나도 사람답게 살 수 있었을 텐데!" 로날드는 생각했다.

어느 날 마약에 취한 상태에서 두 사람은 다투기 시작했고, 한두 번 밀고 당기기를 하다 갑자기 강해 보였던 큰 덩치의 두목이 풀썩 쓰러졌다. 그러자 순간 로날드는 자신이 우위에 서게 되었다는 사실을 깨달았고 기회가 찾아온 것을 보았다. 그는 칼을 움켜쥐고 존경해 마지않던 갱단 두목에게 자신을 이제 진지하게 받아들이고 존중하라고 윽박질렀다. 그게 먹히지 않자 로날드는 두목을 찔렀다.

존중 결핍은 위와 같이 살인 사건을 일으키기도 하지만 대부분 가벼운 범죄의 원인이 되는 경우가 많다. 범죄자 대부분은 자신이 충분한 관심과 인정을 받지 못했으므로 자신이 가져야 할 몫이 있다고 생각한다. 세금 체납자에 대한 조사를 통해 밝혀진 사실은, 상당히 많은 체납자가 공정한 수입과 이익 분배가 이뤄지지 않는 세상에 복수하는 심정으로 체납을 정당화한다는 것이다. 사이버 왕따, 혐오 게시물, 인터넷 명예 훼손 같은 현대의 가상현실 범죄는 대체로 자존감이 낮고 자신을 하찮게 여기는 가해자들의 억눌린 공격성에 기반을 두고 있다.

## 아모크와 테러

이 세상의 모든 악을 존중 결핍과 모욕의 탓으로 돌릴 수는 없다. 악은 그 원인이 무한하며 항상 얼굴을 바꾼다. 하지만 현대 범죄 중 특별히 무시, 경멸, 비하의 감정이 그 원인인 두 종류의 범죄가 있다. 바로 아모크(정신 착란적 발작)와 테러다.

주로 동의어로 사용되는 이 두 용어를 나는 명시적으로 구분하려고 하는데, 배경 심리와 가해자들의 심리적 성향이 매우 다르기 때문이다. 아모크를 일으키는 이는 대체로 자신이 과소평가를 받고 있다고 느끼는 반면, 테러리스트들은 주로 집단의 이상과 목표에 대한 사회적 비하에 반응한다. 하지만 두 가지 모두 범죄 동기의 심각성이 점점 약해지고 있는 현대 사회에서, 겉보기에 하찮은 원인일 수 있는 모욕과 경멸이 어떻게 범죄로 이어지는지를 잘 보여주는 예라고 할 수 있다. 미국 언론의 다음과 같은 헤드라인은 이 두 가지가 현대적인 형태의 악과 매우 깊이 연관되어 있음을 보여준다. "2018년 한 해만 해도 죽은 아이들의 수가 죽은 군인들의 수보다 더 많다."

## 서서히 커가는 내면의 폭력성

세계보건기구의 정의에 따르면 아모크, 즉 정신 착란적 발작은 살인으로 이어지거나 자살 행위를 수반하는 갑작스럽고 무작위적이며 이유 없는 공격을 말한다. 이 용어는 말레이-인도네시아 문화의 '아모크Amok(분노, 화)'라는 단어에서 유래했지만, 지금은 전 세계에서 널리 사용되고 있다. 우리가 주목해야 하는 것은 무시와 존중 결핍이 아모크의 주요 원인이라는 사실이다.

과거에도 살인은 대체로 심각한 정신 장애, 즉 주로 망상 장애, 뇌파 이상, 병적인 만취 상태 등과 관련이 있었다. 이후에는 이보다 심리 사회적 상황이 전면으로 주목받았다. 테러범들과 달리 아모크를 저지르는 자들에게는 정신 장애의 비율이 상대적으로 높은 것으로 나타났다. 하지만 놀랍게도 흔히들 예상하는 부모와의 갈등, 열악한 가정환경 등과 같은 일반적인 위험 요인은 이들과 크게 관련성이 없다는 점이다.

> 과학자들은 만장일치로 다음의 감정을 중요하다고 말한다. 열등감, 자기 표현 욕구, 모욕, 인정 결핍.

아모크를 저지르는 이들의 주요 위험 요인은 자살 성향의 우울증, 자아도취적 성격, 폭력적인 환상, 왕따, 괴롭힘, 존중 결핍 같은 것들이다. 아모크 가해자의 일반적인 성격은 인정 욕구가 비정상적으로 높게 드러나고 통제할 수 없는 공격적 성향도 포함되어 있지만, 의외로 성격 좋고 순종적인 성격을 가진 이들도 꽤 있다.

### 파괴 충동

2018년 2월 14일, 마이애미 파크랜드의 더글러스 고등학교에서 19세 학생 니콜라스는 반자동 소총으로 학생들에게 총격을 가하여 17명이 사망하고 17명이 중상을 입었다. 범죄를 저지른 후 그는 저항 없이 순순히 체포되었다. 심문 중에 니콜라스는 2017년 말에 진통제 과다 복용으로 어머니가 사망한 후 여러 번의 자살 시도를 했으며, 자신이 알코올 중독증에다 우울증을 앓고 있다고 털어놓았다. 그는 모든 것을 파괴하고 싶은 충동을 느꼈고, 특히 친구도 없고 누구에게도 호감을 받지 못하는 현실에 답답함을 느꼈다고 한다.

모욕의 힘이 일으킨 광란의 살인 사건이다. 인생의 드라마에서 작고 미미한 일이 사건의 발단이 되어 주인공에게 엄청난 타격을 입히기도 한다. 이미 언급했듯이 모욕은 보통 부끄럽게 여겨지고 은폐되고 금기시되기 때문에, 주변 사람들은 대개 그것의 존재를 깨닫지 못하고 그것이 가진 엄청난 힘을 눈치채지 못한다. 가장 심각한 상처는 인정 결핍이다. 애정과 존중의 욕구가 충족되지 않으면, 그 사람은 절망과 분노, 증오의 감정을 내면에 점점 키워나간다. 특히 예민한 어린 나이에 이런 상처를 입는다면, 한 방울의 모욕만 떨어져도 기폭제가 되어 삶을 송두리째 흔들 수 있다. 그러므로 폭력의 발화는 대부분 눈에 띄지 않는 내면에서 서서히 진행된 최후의 상황인 것이다.

살인 행각으로 가해자는 두 가지 효과를 얻는다.

- 그(그녀)가 겪은, 차갑고 배타적인 세상에 복수할 수 있다.
- 적어도 얼마 동안은 세계적으로 인정받는 사람으로 변모한다. '한 번이라도 아무것도 아닌 존재에서 벗어나는 것'이 이들의 동기다.

잠재적 무장 범죄자는 인정 욕구에 불타올라서 자신을 컴퓨터 게임 속의 영웅, 또는 과거에 학살을 저지른 범죄자와 동일시한다. 후자의 경우처럼 롤모델이 나와 같은 '사람'일 때 더욱 동일화하기 쉽고 모방을 부추길 수 있으므로 특히 문제가 된다.

---

### 교내 총기 난사

총기 난사 사건은 1990년까지는 드물게 일어났는데, 1990년부터는 두 배로 증가해 빈번해지다가 2000년이 되자 이전보다 다섯 배 증가했다. 이는 가해자에 대한 언론의 지나친 주목, 그리고 의심할 여지 없는 모방 효과에 기인한다. 특히 언론에서는 파괴적인 행동의 원인을 제공하고 자기 확인 욕구를 충족시켜주는 컴퓨터 게임에 대한 논의들이 활발하다. 학교를 범죄 현장으로 선호하는 것은 사건 당시 가해자들이 가장 많은 모욕을 받은 공간이었다는 사실로 정당화된다.

---

## 공포를 퍼뜨리고, 압박을 가하다

테러의 심리적 배경은 아모크와 다르다. 하지만 여기에서도 모욕과 존중 결핍은 매우 중요한 요인이다. 테러의 경우, 개인보다는 집단의 가치가 더 중요하다. 살아남은 테러리스트들이 적은데다 대부분 의사소통을 거부하고, 스스로 정신적 문제가 있다는 것을 인정하기 꺼리는 탓에 이들에 대한 경험적 증거는 희박한 편이다. 테러리즘은 상대적으로 작은 규모를 가진 정치 집단이 반대

편 사람들(특히 정치 지도자들)에게 압박을 가하기 위해 기존의
질서에 맞선 자신들의 의지를 보여주고 위협을 가하거나 계획된
폭력 행위를 실현하는 것이다.

> 테러 단체나 사이비 종교 단체 같은 급진적 정치 세력에
> 기꺼이 자신을 바치는 희생자들은 모두 소외되고 억울한
> 한 개인이기도 하다.

과거 아프가니스탄에서 CIA 장교로 근무하며 이슬람 전사
들과 긴밀히 협력했던 미국의 정신과 의사 마크 세이지먼Marc
Sageman은 이슬람 테러리스트 400명의 삶을 분석하여 인정 결핍
과 극단적인 공격성 사이에 연관성이 있다는 점을 밝혔다. 그는
많은 이들이 과거에 매우 불쾌한 따돌림을 경험했다는 사실을 알
게 되었다. 이들은 자신이 사회적으로 고립되어 있다고 느꼈고,
단지 자신을 흔쾌히 받아들였다는 이유만으로 테러리스트 단체
에 기꺼이 가입했다. 사회적 수용을 받을 수만 있다면 기꺼이 타
인의 삶을 빼앗고 자신의 목숨조차 바칠 수 있었던 것이다.

### 악의 새로운 얼굴

존중 결핍과 경멸과 모욕은 악의 또 다른 얼굴이다. 이들이
오늘날 범죄 동기에서 점점 더 큰 역할을 한다는 것은 시사하는
점이 많다. 아직 과학적으로 입증할 수 있는 충분한 데이터는 없

지만 몇 가지 징후가 있다. 국제폭력범죄 연구를 보면, 범죄 동기가 거의 없거나 아예 없는 사례가 점점 증가하고 있다는 것이 분명히 관찰되고 있다. 지난 2017년 10월, 58명의 목숨을 앗아간 미국 라스베이거스 총기 난사 사건의 최종 보고서를 보면, 총격범 스티븐 패덕Stephen Paddock에게는 모욕의 감정이나 일상의 좌절감, 관심이나 배려의 부족과 같은 동기가 선명하게 드러나지 않거나 불충분하게 드러난다.

명예라는 개념이 여전히 매우 중요한 문화권에서 온 이주민들이 저지른 범죄는 종종 존중의 문제로 인해 발생한다. 최근 유럽에서 발생한 젊은 여성을 대상으로 한 일련의 살해 사건에는 힘을 과시하려는 태도, 즉 남성 가해자의 병적으로 과도한 자부심과 여성의 인격에 대한 인식 부족이라는 공통분모가 있다. 여기서 존중 결핍은 한편으로는 범행 동기이지만 또 한편으로는 희생자에 대한 태도이기도 하다.

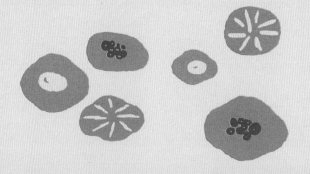

# 11장

# 우리에게 번아웃이
# 다가왔을 때

"의무는 그 자체를
실천하기 위한 것이 아니라,
소홀할 경우 인간의 안정에
영향을 미치기 때문에
필요한 것이다."

마크 트웨인
Mark Twain

존중 결핍은 수많은 악의 근원이다. 존중이 없는 관계는 오래 유지되기 어렵다. 직장에서도 직원들의 동기부여와 근무 환경 개선을 위한 가장 효과적인 방법은 상호존중이다. 존중 없이는 행복한 직원도 없다. 직장뿐 아니라 사회의 발전을 위해서도 존중이 과소평가되어서는 안 된다. 그런데 번아웃 증후군 같은 심리적 장애의 원인이기도 한 존중 결핍에 대한 사회적 인식은 터무니없이 낮은 듯하다.

다양한 정신 장애를 포괄하는 '번아웃Burnout'이라는 용어는 현대 사회의 특징을 잘 드러낸다. 번아웃은 말 그대로 단순한 영어 표현이지만 현대 의학 용어에 속하고 오늘날 전 세계에서 통용되는 말이기도 하다. 그리하여 사람들이 이를 '진짜' 질병으로 받아들이기 쉽다. 의도적이든 아니든, 번아웃은 우리가 지금까지 정신 장애나 정신질환을 금기시해오던 인식을 뛰어넘게 하는 데 많은 이바지를 했다. 이 용어가 많이 회자되는 실상의 이면에는 사람들이 이제 정신 건강 문제에 대해 더 열린 마음을 가지게 됐다는 걸 의미한다. 번아웃은 나약함이나 의지 부족의 표현이 아니며, 번아웃으로 인한 심리적 장애는 더 이상 부끄러워할 일이 아니다. 번아웃은 정신질환을 존중으로 대할 수 있게 하는 큰 계기가 되어주었다.

> 번아웃 개념의 등장은 정신질환에 대한 접근성을 높여서 문제를 좀 더 명확하게 파악할 수 있고 치료도 더 일찍 시작할 수 있게 했다.

"번아웃을 느끼지 않는 사람이 어디 있나요?"라는 최근 한 주간지의 헤드라인은 다음과 같은 두 가지 사실을 드러낸다.

- 많은 사람에게 익숙한 느낌을 적절히 표현한 이 용어가 우리 사회에서 엄청난 인기를 얻고 있다는 것
- 반면에, 이 표현이 수많은 심리적 장애에 사용됨으로써 일종의 번아웃 인플레이션을 유도한다는 것

번아웃의 진정한 의미는 심리적 탈진 상태를 말하는데, 최근에는 이와 관련이 없는 질병이나 심리적 장애들도 종종 번아웃과

연관 짓는다. 낙담이나 우울감, 의욕이 없거나 단순한 게으름 같은 증세도 요즘에는 번아웃과 관련 있다고 여긴다.

과거에는 자신이 우울증이 있더라도 보통 감추려고 했고, 일반적으로 자신의 심리적 문제는 외부에 밝히기를 꺼렸다. 반면 오늘날 많은 사람은 약간의 자부심까지 담아서 자신의 번아웃을 이야기한다. 이때 이 말은 자신이 너무 많은 일을 해서 탈진 상태에 이르렀다는 의미를 담고 있다. 오늘날 번아웃은 한계를 뛰어넘는 직업적 헌신, 근면함과 열정, 심지어 일을 위해 자신의 건강까지 희생하는 의지를 나타내기도 한다.

> 오늘날 번아웃은 능력자들이 전투에서 입은 부상이며, 산업사회의 자부심이라고 할 수 있다.

번아웃 개념의 등장으로, 최근 질병이나 건강에 대한 핵심 개념의 변화가 감지되고 있다. 쉽게 말해서 페스트와 콜레라는 점차 사라지고, 불안과 우울증, 중독성 질병은 급격히 증가하고 있다. 세계보건기구에 따르면, 정신 장애와 정신질환은 심장 발작과 암을 앞서는 질환으로 몇십 년 안에 인간의 질병 목록에서 맨 윗자리를 차지할 전망이다. 그 선두에는 단연코 번아웃의 가장 큰 비중을 차지하는 우울 스펙트럼 장애들이 있다. 우리 사회에서 정신적 장애가 점차 큰 비중을 차지하고 있는 가운데, 번아웃이라는 주제는 존중의 가치적 측면에서 중요한 역할을 한다. 그렇다면 우리 시대의 질병인 번아웃은 존중과 무슨 관계일까? 사실 그 영향은 환자나 의료진 들이 생각하는 것보다 훨씬 더 크다.

## 버닝에서
## 번아웃까지

치료 상담에서 많은 환자가 '빈 배터리' '정신적 무력함' '번아웃 상태' 등의 표현으로 묘사하는 증세의 원인을 찾아보면 의외로 인정 부족과 존중 결핍의 감정을 접하는 경우가 많다. 성과에 대한 압박감, 완벽주의, 지나친 업무량 등의 고전적인 번아웃 요인 외에도 긍정적인 피드백의 부족은 번아웃을 불러오는 매우 중요한 원인이 될 수 있다. 물론 정신 장애를 하나의 원인으로 단정하기란 어렵지만, 지금까지 과소평가된 존중 결핍이란 요인은 번아웃 연구에서도 그 중요성을 인정받고 있다. 의료사회학자 요하네스 지크리스트Johannes Siegrist는 번아웃의 가장 큰 위험 요인이 과로나 압박감이 아니라 대가 없이 계속 노력만 해야 하는 감정에 있다고 본다. 즉 과도한 업무량 때문에 번아웃 증세가 나타나는 것이 아니라 '영혼을 위한 영양분'의 결여가 큰 이유가 된다는 것이다. 마라톤 선수가 달리다가 쓰러지는 이유가 지나친 운동량으로 인한 에너지 소진일 수도 있지만, 장기적인 관점에서 그 원인이 수분의 부족일 수 있다. 만약 한 사람이 지속적으로 인정과 존중을 받지 못했다면, 그것을 받기 위한 헛된 투쟁 속에서 만성적인 스트레스에 시달렸을 것이다. 직장에서 미친 듯이 밤낮으로 일하고 가정에서 집안일도 열심히 하지만 자신이 그토록 갈망하는 것을 얻지 못한다면 어떻겠는가. 끊임없이 노력해도 아무도 알아주지 않고 일궈낸 성취도 그 가치를 인정받지 못한다면? 이는 쉴 새 없는 스트레스와 좌절감을 불러오고 번아웃을 일으켜서, 결국 그 사람의 건강을 해치고 어떤 경우에는 노화와 죽음까지 불러올 수 있다.

그렇게 내부가 타들어가고 있다면 첫 증상이 나타나기 전에, 위험에 처한 사람의 현재 상황을 잘 파악해야 한다. '한 번 불붙은 것만이 불타버릴 수 있다'라는 말은 번아웃 논의에서 절대 빠지지 않는 주장이자 매우 정확한 표현이기도 하다. 이는 엄청난 헌신과 근면함, 높은 동기부여와 목표를 가진 사람들이 특히 번아웃에 취약하다는 사실을 의미한다. 이들은 자신의 목표를 위해 끊임없이 자신을 밀어붙이는 사람이고, 사람들이 필요로 하는 자리에 항상 달려가며 남의 요구를 잘 거절할 수 없는 사람이다. 그런데 안타깝지만 존중을 받은 경험이 너무 적은 사람이기도 하다. 이들은 매사에 솔선수범하고 거의 불평하지 않기 때문에, 이들의 노력은 당연하게 여겨지며 특별히 가치 있게 평가되지 않는다.

배우들의 평균 수명에 관한 미국의 연구 결과를 보면, 믿거나 말거나 오스카상을 받은 사람들이 상을 받지 못한 후보자들보다 평균 수명이 3년 더 긴 것으로 나타났다.

위에서 설명한 번아웃 후보들의 심리적 성향을 보면, 이들은 두 가지 필수적인 성격을 갖고 있다. 바로 예민함과 정의감이다. 예민한 이들은 피드백의 결핍을 매우 크게 받아들이기 때문에 존중을 받지 못한다고 느끼면 특히 스트레스를 심하게 받는다. 그리고 섬세한 정의감을 가진 이들에게 자신의 노력과 성과가 인정이라는 정당한 보상을 받지 못하는 것은 노골적인 부당함이다. 그러므로 번아웃의 위험에 처한 사람은 정당한 존중을 위한 싸움을 오래 이어갈 수밖에 없게 되고, 이는 다시 스트레스와 번아웃을 불러일으켜 내면의 에너지와 자신감을 갉아먹는다.

### 처음에는 막연한 느낌

번아웃은 특별한 질환에서 비롯되는 것이 아니기 때문에 특정한 초기 증상을 찾기 어렵다. 번아웃 증세를 느끼는 사람과 이를 치료하는 쪽에서는 보통 순환 및 대사 장애, 염증이나 만성 감염 같은 신체 증상을 먼저 생각한다. 번아웃 증세를 느끼는 사람은 뭔가 잘못되어간다는 막연한 느낌을 받는데 이를 말로 표현하기란 쉽지 않다. 이들은 어쩐지 모든 것이 불편하게 느껴지며, 이유 없는 불안 발작을 겪고, 심술과 짜증 같은 반응을 보이기 쉽다. 이 가운데 수면이 가장 민감한 지표가 될 수 있다. 스스로 원인을 알 수 없는 불안감은 수면을 방해하고, 깨어 있는 긴 시간 동안 피곤함을 이기려 신경이 곤두서게 된다. 암암리에 시작된 번아웃은 진행되면서 점점 좌절이나 분노 등으로 이어지고 두통, 요통, 가슴 압박과 같은 신체 기능 장애로 나타난다.

> 번아웃 환자의 약 20퍼센트가 불안으로 인한 탐식 때문에 살이 찐다. 반면 80퍼센트는 먹고 싶은 욕구마저 사라지기 때문에 살이 빠진다.

다음 단계에서는 초조함, 짜증, 낙담, 좌절, 흥미 상실, 무관심과 같은 증세가 지배한다. 한때의 열정은 끊임없는 환멸에 자리를 내어주고 무기력함이 전신에 퍼져나간다. 예전에는 편안하게 여겨졌던 업무와 대인 관계도 낯설게 느껴지고, 이는 타인에 대한 짜증이나 냉소적 반응, 비난으로 나타난다. 또한 이러한 반응은 역으로 번아웃에 빠진 사람이 필요로 하는 긍정적인 관심을 차단하는 데 큰 역할을 한다. 일상생활에서 주변 사람이나 가족을 짜증 나게 하고 불쾌하게 만들기 쉬우므로, 정작 자신이 필요로 하는 관심을 받기가 더 어려워지는 것이다.

번아웃의 증세를 느끼는 사람들은 종종 알코올이나 담배 혹은 진정제의 도움을 받아 치료하고자 한다. 많은 사람이 이들에

익숙해지고 의존하게 되는데, 이후엔 큰 대가를 치르게 된다.

### 증상, 원인 및 촉발제

번아웃은 언제나 한 사람의 전체에 영향을 미치기 때문에 정신적·사회적·육체적 번아웃, 이 세 가지 층위에서 건강 이상 증세를 드러낸다. 번아웃은 전형적인 증세 외에도 다양한 증상이 있으므로 조기 진단이 어렵다. 대략 증상이 나타나는 순서별로 다음과 같이 나눌 수 있다.

### 정신적 번아웃

- 집중하기 어려움
- 건망증, 느려짐
- 의욕 부족, 동기부여 부족
- 정신적 유연성과 창의성의 상실
- 실패에 대한 두려움, 압도당하는 느낌
- 자기 의심과 자기 비난
- 짜증, 불만족
- 스트레스에 대한 내성 감소
- 기쁨 부족과 나른함
- 고민, 비관, 내면의 공허함
- 미래에 대한 두려움, 절망감

## 사회적 번아웃

- 칩거, 연락 두절, 격리
- 의사소통 문제(불성실성, 이해 부족, 방어적 태도, 반대 행동, 냉소주의)
- 병가의 증가
- 여가 활동 감소, 수동적인 오락(텔레비전, PC 게임)
- 취미와 동아리 활동 포기
- 각성제 및 중독성 물질의 소비 증가
- 배우자 및 가족 간의 문제 증가
- 삶에 대한 무의미, 죽음에 대한 갈망


## 육체적 번아웃

- 에너지 부족, 기력 부족, 쇠약함
- 끊임없는 피로감
- 잠들기 힘들고 수면 상태 유지 어려움
- 두통과 요통
- 흉부 압박
- 혈압 상승, 심장부정맥
- 어지럼증, 메스꺼움
- 위장병
- 성욕 상실, 성 기능 장애
- 감염 취약성, 면역 체계의 약화

이미 언급했듯이, 번아웃 증후군처럼 복잡한 정신질환은 하나의 원인으로 특정할 수 없다. 개인의 성향이나 취약점에서 만성적 스트레스와 질병의 유무에 이르기까지 다양한 요소들이 항상 같이 작용한다. 지금까지 살펴본 바에 따르면, 주된 원인을 크게 개인적 요인, 관계 문제, 과중한 업무량, 사적·공적 다중 부담, 사회적 요인 등으로 나눌 수 있다.

이러한 원인과는 구별되는 번아웃의 유발 요인 중 존중 결여는 전문가들의 연구 자료에서 살짝 언급될 뿐이다. 원인은 다양하며 때로는 매우 오랜 기간에 걸쳐 쌓이기 마련이다. 반면에 이를 촉발하는 것은 물 한 방울 같은 어떤 계기로써 낙타의 등을 부러뜨리기도 한다.

높은 업무량과 성과 압박, 열악한 근무 환경, 업무의 복잡성 증가, 비합리적인 업무 조직, 위계질서 문제, 행정적 제약, 따돌림, 실직 공포 등 일반적인 번아웃의 요인 외에도 인정이나 칭찬의 부족이 도화선이 될 수 있다는 사실을 우리는 간과해서는 안 된다. 치료 상담을 해보면 대부분의 번아웃 환자는 자신이 남에게 베푼 것에 비해 받은 것이 없다는 말을 자주 토로한다. 주로 인정이나 칭찬의 부족으로 인해 의욕과 힘이 소진된 사람들을 우리는 크게 두 그룹으로 분류할 수 있다.

- 헌신적으로 일했지만 긍정적인 피드백을 받은 적이 없는 사람들. 이런 경우 처음 가졌던 열정은 금세 환멸로 바뀌고, 이

는 계속 내면에 머물며 만성적인 체념으로 변한다.

- 처음에는 동기부여와 칭찬을 받는 수준이 높았지만 이후 이들의 헌신은 당연시되고 노력이 인정을 받지 못하는 사람들. 이들의 열정은 커다란 실망감으로 변한다.

---

### 번아웃의 원인

1. 개인적 원인 : 매우 감정적인 타입, 불안한 자존감, 높은 감수성, 만성질환 및 질병, 장애 등
2. 관계 문제 : 배우자와의 갈등, 가족 고민, 직장 내 외톨이 경험 등
3. 지나친 업무량 : 긴급함이 요구되는 작업, 비현실적인 작업량, 시간 압박, 지침 및 도움 부족, 모순된 목표와 조직력 부족 등
4. 사적·공적 다중 부담 : 가족에 대한 추가 부담, 명예직이나 사회 공헌직의 부담 등
5. 사회적 원인 : 공동체 인식 부족, 직업에 대한 변화된 사회적 태도, 사회적 나르시시즘 및 사회적 냉담 등

---

# 번아웃이 일으키는
# 정신질환들

존중 결핍은 알코올 중독, 불안장애, 사회 공포증, 망상 같은 여러 정신질환의 원인이 될 수 있다.

## 몸이 반격할 때

유기적인 원인을 알 수 없는 여러 질병의 증상 중에서, 특히 심리적 요인으로 인한 호흡곤란과 두통은 종종 인정과 칭찬의 부족을 그 원인으로 찾을 수 있다. 물론 심리적 스트레스만으로 호흡곤란이 일어난다고 할 수는 없지만, 호흡곤란과 심리적 스트레스의 밀접한 연관성에 대해서는 논란의 여지가 없다. 호흡은 생명과 감정의 상징으로 여겨지므로, 존중의 결핍 문제를 겪는 사람이 호흡기를 통해 고통을 표출하는 것은 우연이 아니다. 그러므로 천식(호흡곤란)은 '사랑에 대한 소리 없는 아우성' 정도로 해석될 수 있다.

마찬가지로 유기적인 원인을 설명할 수 없는 두통의 경우, 채워지지 않은 관심과 존중에 대한 욕구가 그 원인인 경우가 많다. 가령 자신의 교육 수준에 비해 훨씬 낮은 수준의 업무 직책을 배정받는 등 부당한 대우를 받을 때, 우리는 종종 두뇌를 통해 존중 결핍에 대한 갈등을 표현한다. 마찬가지로 피부 질환도 존중 결핍과의 연관성을 이야기할 수 있다. 육체적 고통은 실제로 언제나 정신적 고통을 표현하는 도구이기 때문이다. 외부 세계와 자신의 경계 기관으로서의 피부는 애정, 접촉, 교류뿐만 아니라 차별성과 개성의 상징이기도 하다.

## 공포를 떨쳐버리다

알코올 중독에 빠지는 것이 때론 존중을 바라는 몸부림일 때도 있다. 관심을 충분히 받지 못한 젊은이들이 술에 취해 주목을 받고자 하는 경우는 그나마 무해하다고 볼 수 있다. 오히려 알코올이나 마약 없이도 자신에 대한 긍정적인 생각을 가질 수 있는 경우인데, 이들이 정신적으로 억압받을 때 '중독으로의 도피'가 더 문제가 된다. 존중 결핍감에 시달리며 남몰래 두려움에 떠는 이들이 마약의 힘을 빌려 스스로 중요하고 강한 사람이라 여기거나, 더 이상 무시당하거나 비하되지 않는다고 느낀다면 이는 마약 의존증으로 이어질 수 있다.

## 접촉과 비판에 대한 두려움

불안장애 중에서 존중의 문제와 매우 밀접한 관련이 있는 것이 바로 사회 공포증이다. 보통 어린 시절과 사춘기에 시작되는 이 병적 두려움은 오늘날 급격히 증가하고 있는데, 남들이 나를 비판적이고 부정적으로 판단하는 것에 대한 공포에서 비롯된다. 따라서 내가 부끄럽지 않고 그 누구도 나에게 부끄러운 행동을 하지 않도록 애당초 사회적 접촉 자체를 회피하려 한다. 이런 회피 행동은 사회적 고립과 외로움으로 이어진다. 이 경우, 심리 치료의 성공을 거두려면 심리 치료사가 환자를 존중의 태도로 대하고 환자의 자존감을 올려주어야 한다. 또한 의심과 두려움에도 불구하고 환자가 여전히 자신에 대한 존중을 수용할 수 있는지도 중요하다.

## 실패의 두려움에 대한 보상으로서의 망상

존중 부족이 모든 정신질환의 원인은 아니지만, 드물게 정신 착란의 원인이 될 수 있다. 남의 눈에 거의 띄지 않게 비참한 삶을 살아오면서 한 번도 누군가에게 중요한 사람이라는 느낌을 받아 본 적이 없는 이들은 특히 과대망상증이나 조상에 관한 망상증에 사로잡힐 수 있다. 형편없는 대접을 받던 한 가정부가 갑자기 자신이 대기업 회장의 비밀 애인이라는 확신에 사로잡힌다거나, 오랫동안 실업자였던 사람이 곧 석유왕의 유산 상속자로 지목될 것이라 믿는 경우 등이 이에 속한다. 자신이 이 세상의 비밀스러운 공식을 발견했다고 믿는 낙제생도 역시 이 범주에 속한다.

위 사람들의 망상은 삶의 실패, 자기 비하 감정, 존중 결핍 등으로 인한 상실감에 대한 보상 감정이다. 다음 이야기는 매우 심각한 정신질환 중 하나인 망상증이 어떻게 일어나고 한 개인에게 어떤 영향을 주는지 보여준다.

### 트럼프의 사생아

케른텐주에 사는 젊은 노동자인 마리는 갑자기 사람이 변해 이상한 소리를 해대는 통에 정신병원에 실려 온 경우였다. 마리는 눈에 잘 띄지 않는 조용한 삶을 살다가 갑자기 직장에 나타나지 않았다. 몇 안 되는 지인과의 만남도 끊고, 얼마 안 되는 돈을 다 쓰고 나더니, 할리우드로 이사할 것이라는 말을 하고 다녔다.

상담에서 마리는 나에게 비밀을 털어놓았다. 자신이 사실 도널드 트럼프의 사생아이며, 그 사실에 대해 추호의 의심도 없이 믿고 있었다. 미국 대통령 트럼프는 슬로베니아를 방문했을 때 밤에 국경을 넘어 케른텐으로 운전하여 그녀의 어머니와 비밀리에 관계를 맺었다는 것이다. 언론이 트럼프의 '여자들 이야기'를 보도하는 것을 보고 이 사실을 알게 되었다고 했다.

정신 분석에서 이런 망상증은 열등감에 빠져 있고 자신의 가치를 느끼지 못하는 사람이 내적으로 간절히 바라는 어떤 것으로 해석할 수 있다. 마리의 병적인 망상은 단조롭고 비참하게 느껴지는 자신의 삶과 한 번도 받아보지 못한 존중에 대한 반응이었다. 강력한 정치 지도자의 딸이 된 마리는 이제 중요하고 부유하고 귀한 사람이었다. 그 망상이 존중의 결핍을 어느 정도 채워주었다.

## 정신적 피로와 눈물

'쓰디쓴 맛'이라는 말은 존중 결핍에서 오는 여러 문제에 대한 적절한 표현이다. 온 세상이 쓴맛으로 가득하다. 고질적이고 굳어진 형태의 모욕감은 떨쳐버리거나 치료하기도 어렵다. 그러한 존중의 결핍은 결국 울분의 감정을 불러온다. "내가 더 이상 아무런 가치도 없다는 사실이 쓰라리네요"라는 말은 치료 중인 환자에게 자주 듣는 불평이다. 끊임없는 스트레스와 연결되는 인정 투쟁은 궁극적으로 지속적인 원통함을 남기고 공격성, 체념, 무력감, 자기 파괴욕이 뒤섞인 상태로 이어진다. 쓰디쓴 감정을 느끼는 사람은 자신이 빠져나갈 수 없는 '영혼의 감옥'에 갇혀 있다고 느낀다. 치료는 쉽지 않고 울분은 종종 질병으로 이어지기도 한다.

---

### 울분 장애

명예 훼손과 좌절에 시달리며 버림받고 따돌림을 당하는 사람들에 관한 수년간의 연구 끝에, 베를린의 정신과 의사 미하엘 린덴 Michael Linden은 우울증과 수면 장애, 강박적 회상, 금단 및 회피 행동을 특징으로 하는 장애를 설명했고, 이를 '외상 후 울분장애'라고 불렀다. 린덴에 따르면, 배우자와의 갈등 같은 일상적인 스트레스로 인해 발생하는 이 장애의 증상은 더 널리 알려진 외상 후 스트레스 장애의 증상과 일치한다. 이는 존중 결핍과 같은 자그마한 모욕들이 결국 죽음에 대한 두려움이나 유사한 재앙을 초래할 수 있음을 증명한다.

---

## 우선 자신을
## 존중하라

번아웃이 정신적·사회적·육체적 피로로 이어져 건강의 모든 부분에 영향을 미친다면, 이를 예방하고 치유하는 데 필요한 존중을 되돌아볼 필요가 있다. 격려, 인정, 칭찬은 적어도 감정적·사회적 번아웃의 위험 수준을 낮출 수 있다. 존중 자체가 번아웃의 치료제는 아니지만 성공적인 치료를 위한 필수 조건일 수는 있다. 요하네스 지크리스트는 "사회적 인정은 스트레스 관련 질병 위험을 현저히 감소시키는 심리적·사회적 보호 요소다"라고 말한다.[12]

치료에 성공한다면 환자는 심신 안정이 저절로 얻어지는 것이 아니라 적극적으로 추구해야 한다는 사실을 깨닫게 될 것이다. 대부분의 심리 치료에서 환자에게 잠시 일상을 중단하고 휴식을 취하게 하며 의약품 사용뿐만 아니라 삶의 태도의 근본적인 변화에 눈을 돌리게 하는 것은, 개인적인 삶의 방향을 새롭게 정립하는 것을 의미한다. 이는 심리적·육체적·사회적 건강에 대해 새롭게 바라보는 시각과 더불어 자신의 욕망과 가치 그리고 존중과 인정에 대한 욕구를 살피는 것도 포함된다. 무엇보다도, 여기에는 자신과 타인을 위한 존중의 닻을 올리는 것이 핵심적이다.

> 번아웃을 치료하기 위해 권장되는 실천 방안은 자신의 욕구와 건강, 개인적 가치뿐 아니라 자신의 인격을 인정하고 존중하는 것을 목표로 한다.

## 번아웃에서 우울증까지

생활습관 변화 등 여러 조치를 취했는데도 정서적 번아웃이 해결되지 않는다면, 이는 우울증, 즉 '상실'의 병으로 치달을 수 있다. 이 경우 번아웃에 시달리는 사람의 삶은 '―없음'에 지배된다.

추진력 없음과 욕구 없음, 기쁨도 없고 이상도 에너지도 없으며, 식욕 부족과 수면 부족에 시달리고 흥미와 의욕의 결핍 상태에 짓눌리게 된다. 그리하여 결국은 거의 견딜 수 없는 절망의 상태에 빠지게 된다. 해결책은 아주 평온한 상태에서만 보이며, 이는 종종 삶에 대한 피로와 죽음에 대한 갈망으로 이어질 수 있다.

번아웃으로 인한 만성 우울증은 뚜렷한 이유가 없고 특정한 촉발 요인 없이 등장하는 고전적인 멜랑콜리와는 다르다. 심각한 우울증 상태의 경우, 적어도 초기 단계에서는 약물의 도움을 받아야 한다. 비록 이것이 실제 원인을 제거하거나 심리 치료와 생활습관 변화를 대체할 수는 없지만, 적어도 불면증이나 의욕 상실 같은 고통스러운 증상들을 완화할 수 있기 때문이다. 이 때문에 심각한 번아웃의 경우, 환자를 치료하기 위해 먼저 향정신성의약품을 처방하기도 한다. 그러나 치료의 핵심 요소는 무엇보다도 번아웃으로 고통받는 사람에게 존중의 태도를 보이는 것이다.

# 12장

우리가 꺼리는
칭찬과 감사의 가치

"칭찬을 받지 못하고
사라져버리는 선행은
이를 실천할 다른 수천 명의
목을 조른다."

윌리엄 셰익스피어
William Shakespeare

의심할 여지 없이 칭찬은 존중의 일부다. 적절한 칭찬만큼 명확한 존중의 표현은 없다. 우리는 모두 칭찬을 받기 원한다. 칭찬을 갈망하는 이유는, 관심받고 사랑받고자 하는 인간의 기본적인 욕구 때문이다. 그러나 역설적이게도, 칭찬이 필요한 사람들은 정작 타인에게 칭찬을 해주는 것에 어려움을 느낀다. 주변 사람들에게 동기를 부여하고 영감을 주는 데 칭찬보다 더 좋은 것은 거의 없다. 특히 어린이와 청소년에게 이는 매우 중요하다. 칭찬은 누구나 할 수 있으며 어떤 비용도 필요하지 않다. 그런데 왜 우리는 더 자주 칭찬을 베풀지 못하는 걸까?

우리가 적절한 칭찬을 하는 데 실패하는 이유는 대부분 심리적 장벽 때문이다. 그렇다면 이 내면의 장벽은 어디에서 기인하는 걸까? 지나치게 자신에게 집중한 나머지 남에게 줄 애정이 남아 있지 않아서일까? 아니면 자신이 남몰래 원하는 칭찬을 타인에게 주는 것이 부끄럽게 여겨져서일까? 아니면 단순히 칭찬의 힘을 과소평가하기 때문인가? 아마도 이 모든 원인이 어느 정도의 역할을 한다고 볼 수 있다. 또한 칭찬의 심리에 관한 다음의 설명은 어느 정도 이를 보충해줄 수 있다.

## 진정한 칭찬의
## 효과

존중의 하위 요소인 칭찬의 의미는 비교적 이해하기 쉽다. 칭찬은 주로 한 사람의 성과나 행동에 대한 긍정의 표현으로 보통 제한된 시간 안에 이루어진다. 이에 비해 인정은 더욱 일반적인 특성을 가지며, 존중은 특정한 행동이나 성격과는 상관없이 상대를 포괄적으로 받아들이는 것이다. 하지만 칭찬은 받는 사람이 확실히 인지할 수 있는 감정 표현 수단이기 때문에 존중의 전제 조건이라 할 수 있다. 한편 상대에게 칭찬을 어떤 방식으로 하느냐도 매우 중요하다. 자칫 칭찬을 받는 쪽에서 직감적으로 '거짓 칭찬'이라 인지하고 거부하는 부작용이 일어날 수도 있기 때문이다.

우리 대부분은 다른 사람과의 관계에서 진정한 칭찬의 효과를 보고 직접 경험해본 적이 있다. 칭찬은 동기를 부여하고 만족감과 자부심을 주며 자신감을 북돋운다. 요한 볼프강 폰 괴테는 다음과 같이 말한 바 있다. "그의 노력과 그의 미덕을 매우 큰 소리로 또렷하게 말하라. 진심 어린 칭찬은 노년기에 찾아오는 두 번째 젊음이기 때문이다." 괴테는 그의 친구 카를 프리드리히 첼터Carl Friedrich Zelter의 일흔 번째 생일에 이 말을 헌정했는데, 여기서 '젊음'은 칭찬과 인정의 긍정적인 효과를 의미한다.

### 칭찬이 아이들에게 미치는 영향

아이 교육에서 칭찬이 비판보다 훨씬 낫다는 것은 과학적으로도 입증되었다. 영국 드몽포르 대학의 보건 과학자 수 웨스트우드Sue Westwood는 연구를 통해 부모의 한결같은 칭찬이 아이의 심리적 안정에 미치는 영향을 입증했다. 2세에서 4세 사이의 아이를 둔 38명의 부모를 대상으로, 한 달 동안 이들이 얼마나 자주 아이들에게 칭찬의 말을 하는지를 확인하고 아이들의 행동과 심리 상태를 관찰했다. 하루에 적어도 5번 이상 착한 행동에 대한 긍정적인 평가를 받은 아이들은 관심을 받지 못한 아이들에 비해 주의력이 높아지고 과잉 행동 성향이 줄어들었다.

또한 칭찬은 칭찬하는 사람과 칭찬받는 사람 사이의 유대를 강화한다. 반면에 칭찬이 부족하면 그 관계는 지루함과 무력감에 빠지기 쉽다. 부부 관계에서 칭찬은 상호존중과 활력을 유지하는 동력이다. 칭찬과 인정이라는 동기부여 요소를 거의 활용하지 못하는 직장 상사들은 종종 '피그말리온 효과'를 경험하곤 한다. 즉 성과가 무시되고 칭찬을 제때 받지 못하면 직원들이 자기 일에 대한 열정을 잃게 되고, 이는 상사들의 부정적인 편견을 강화해서 더더욱 칭찬에 인색해지는 결과를 불러오는 것이다. 반대로 칭찬을 통해 일어나는 긍정적인 생각은 직원들에게 더욱 충실하고 헌신적인 태도를 갖게 한다. 피그말리온 효과라는 용어는 그리스 신화에 나오는 인물의 이름을 딴 것이다. 조각가 피그말리온은 자신이 만든 여인상 조각품과 사랑에 빠진다. 그는 여인상을 세상의 어떤 여성보다 더 아름답다고 생각하고 진심으로 사랑한 결과, 마침내 조각품은 인간으로 살아난다. 신들의 도움으로 그의 가장 소중한 소원이 성취된 것이다.

진정한 칭찬만큼 자존감과 자신감을 북돋우는 일은 없다. 상담이나 교육 및 치료 과정에서도 인정과 칭찬은 어떤 방법보다 훌륭하고 효과적이다. 가족이나 친구, 직원이나 사업 파트너와 관계에서 칭찬만큼 많이 요구되는 것은 없다. 인간은 항상 사랑과 칭찬이 필요한 존재이며, 칭찬은 우리가 평생 갈구하는 '감정적인 모유'와 같다. 그런데도 우리는 칭찬을 지나치게 아끼고 자제한다. 다음 이야기가 이를 잘 말해주는 예다.

### 늦더라도

크리스티안은 평생 이 순간을 기다려왔다. 그는 매우 성공한 유명 인물이다. 백만장자에다 수많은 상을 받은 경영자이며, 여러 기업의 감독위원회의 위원이자 3개 대학의 명예교수이기도 하다. 그는 성대한 파티를 열어 자신의 65세 생일을 축하

했다. 저녁 식사를 겸한 파티에서 감사와 찬사가 넘치는 두 연설이 끝나고, 97세의 크리스티안 아버지가 자리에서 일어났다. 그가 위엄을 갖추고 힘없는 목소리로 말을 시작하자 모두 입을 다물었다. "내 아들아, 네가 자랑스럽다!" 짧디짧은 그 한마디 말 끝에 노인은 잔을 들었다.

크리스티안에게 그것은 최고의 영예이자 평생의 업적에 대한 최고의 보상을 의미했다. 그는 어린 시절부터 그 말을 듣기 위해 고군분투했다. 그는 아버지에게 칭찬을 받은 적이 없었고, 항상 자신이 그의 요구와 기대에 부응하지 못하고 있다는 느낌에 시달렸다. 크리스티안은 자신의 야망이 어쩌면 아버지에게 인정받고 싶은 욕망에서 비롯되었다고 생각했다. 자신이 아버지를 기쁘게 해서 단 한 번만이라도 진정한 칭찬을 받을 수만 있다면……. 65세 생일 파티의 마지막에 이르러서야 드디어 크리스티안은 그 목표에 도달한 것이다.

칭찬이 동기를 부여하고 성과를 향상시키는 데 얼마나 큰 도움이 되는지는 여러 과학 연구에서 입증되었다. 뮌헨 공과대학이 젊은 연구자들을 대상으로 벌인 설문 조사에서, 동료들의 인정과 칭찬이 보너스 지급이나 성과급보다 훨씬 더 동기부여 효과가 높은 것으로 나타났다.[13] 하지만 그것은 위선적이고 입에 발린 칭찬이 아니라 진실하고 진정한 마음을 담은 칭찬이어야 한다. 그럴 때 칭찬은 심리 강화제이자 동기부여 요인이 되는 것이다.

칭찬과 성과 향상의 연관 관계와 관련하여, 2016년에 실시한 독일-네덜란드 학자들의 공동 연구에서는 놀라운 결과가 도출되었다.[14] 300명이 넘는 학생들을 대상으로 한 실험에서 최상위 그룹의 수험생들은 동료 학생들 앞에서 기대하지 않은 칭찬을 받았다. 반면 비교 그룹의 최상위 수험생들은 칭찬을 받지 못했다. 후속 시험을 치른 결과는, 기대와는 다르게 칭찬을 받은 학생들의 성적이 칭찬받지 않은 대조군의 학생들보다 더 뛰어나지는 않았다. 하지만 두 번째로 좋은 성적 그룹에 속한 학생들은 확실히 이전보다 성적이 나았다. 실험 결과에 따르면, 최고의 학생들이 받은 칭찬은 자기 확신과 함께 만족감을 준다. 반면 살짝 뒤떨어진 학생들에게는 칭찬이 확실한 동기 부여의 효과를 가져다주었다. 그러므로 칭찬은 두 가지 효과를 가져다줄 수 있다. 칭찬받는 사람에게는 확신과 자신감을 키워준다. 동시에 칭찬받지 못한 사람들에게는 더 열심히 노력하라는 엄청난 동기를 제공할 수 있다. 비록 기대와는 다른 결과이긴 하지만 칭찬과 성과 사이의 밀접한 연관성을 다시 한번 확인시켜주는 연구가 아닐 수 없다.

## 마음에서 우러나는 칭찬을 하라

칭찬을 효과적으로 전달하는 것은 매우 어려운 문제다. 자칫 상대가 거짓말이나 지나친 아부 정도로 받아들이는 역효과를 고려해야 하기 때문이다. 예로부터 내려오는 속담이나 에우리피데스Euripides의 다음의 말에도 칭찬에 대한 불신이 드러나는 것은 바로 그 때문이다. "지나친 칭송은 고귀한 생각을 하는 이들에게는 혐오감을 줄 뿐이라는 것을 나는 잘 안다." 작가 미상의 격언은 이를 좀 더 극적으로 표현한다. "그가 누구이든 나를 끊임없이 칭찬하는 사람은 분명 나를 경멸하는 바보이거나 나를 속이려는 악당이다."

진정한 칭찬을 끌어내기 위해서는 먼저 내면의 저항을 이겨내고 자신이 너무나 듣고 싶은 칭찬을 그 사람에게 해주려는 마음 자세를 갖추어야 한다. 그리고 칭찬을 받는 사람이 실제로 좋은 의미의 인정과 존중을 받는 느낌이 들도록 표현해야 한다. 지나치게 과장되거나 도식화된 칭찬이 아니라 독창적이고 개성 있는 칭찬을 하도록 노력하라. 마음에서 우러나온 진심을 담고 있다면, 칭찬은 그대로 받아들여질 것이다. 다음 이야기는 '마음으로부터'라는 표현이 의미하는 바를 잘 보여준다.

## 착한 마음

조에는 '부자 이모'라고 불릴 만큼 모든 것을 갖춘 여성이었다..매우 부유하고 나이가 많은 독신이었다. 죽음의 문턱에서 조에는 자신의 재산 중 많은 부분을 한동네에 살던 이웃에게 물려주었다. 조에는 유언장에 그 여성에 대한 사연을 적어놓았다. 이웃 여성은 그녀에게 비싼 선물을 사주거나, 생일 선물로 호화스러운 꽃다발이나 케이크를 사준 적도 없었다. 하지만 그녀는 종종 들꽃을 따서 조에에게 가져다주거나 꽃병에

꽂아주곤 했다. 평범한 그 여성은 자신이 할 수 있는 일을 했으며, 노부인이 진정으로 좋아하는 것이 무엇인지 살필 줄 알았다. 그녀의 선물은 마음에서 우러나온 것들이었다.

육아의 관점에서는, 아이들이 실제로 거둔 성과보다는 노력과 근면에 대한 공로를 칭찬해주는 것이 매우 중요하다. 아이들은 이를 통해 실패가 재앙이 아니라 경험이며 앞으로의 발전을 위한 디딤돌이라는 것을 배울 수 있다. 미국 스탠퍼드 대학의 심리학자 캐럴 드웩Carol Dweck은 오랫동안 칭찬이 학생들에게 미치는 영향을 연구해왔으며, 실험을 통해 이 효과를 입증했다.[15] 시험을 잘 통과한 한 무리의 아이들에게 연구팀은 이들의 지능을 칭찬하는 말을 해주었다. "넌 정말 똑똑하구나!" 다른 그룹의 아이들에게는 노력과 의지를 칭찬하며 "넌 정말 열심히 노력했구나!"라는 반응을 보냈다. 이후 아이들에게 쉬운 시험과 어려운 시험 중 하나를 선택하도록 했다. 머리가 좋다는 칭찬을 받은 학생들 대부분은 더 쉬운 시험을 선택한 반면, 노력을 인정받은 학생들은 90퍼센트가 더 어려운 과제를 선택했다. 더 어려운 시험을 치러야 하는 실험에서는 그 차이가 더 또렷해졌다. 노력과 의지에 대한 칭찬을 받았던 학생들은 실제로 훨씬 더 큰 노력을 기울였고, 어려운 문제를 풀기 위해 고심했다. 반면 지능에 대한 칭찬을 받은 학생들은 스스로를 의심하기 시작했고 좌절감에 금세 포기했다.

중요한 것은 타고난 능력에 대해서가 아니라 노력과 근면함에 대해 칭찬을 해주는 것이다.

타고난 지능에 대한 칭찬만 받는 아이들은 자신의 많은 가능성을 제대로 인식하지 못하고 게으른 상태에 머물기 쉽다. 이들은 실수에 대한 두려움으로 자신감을 잃을 수 있고, 그 결과 어려워 보이는 문제는 무엇이든 점점 더 피하게 된다. 좌절감을 참고 실패했을 때 다시 일어나는 법을 배운 적이 없으므로, 이들은 대체로 처음에 일이 잘못되면 실패할 가능성이 크다. 반면 노력을 인정받은 아이들은 통제력을 갖게 된다. 이는 노력과 근면함을 뜻하는 영어 단어에서 이름을 따온 '노력 효과Effort-Effect'라고 불린다. 아이들은 자신의 노력과 시도에 대해 칭찬을 받을 때 자신의 행동을 통제할 힘을 얻는다. 반면에 지능만 강조한다면 이러한 통제 가능성을 박탈당하게 되고 초반의 실패에 쉽게 무너지게 된다.

'마이어 이론'에서도 비슷한 결론을 이야기하는데, 이에 따르면 특정 상황에서 칭찬도 역효과를 가져올 수 있다. 1970년대 독일의 심리학자 울프우베 마이어Wulf-Uwe Meyer는 학생들이 쉬운 일을 성취한 것에 대해 지나치게 많은 칭찬을 받으면 자신이 무력하거나 멍청하다고 느낄 수 있다고 밝혔다.

## 지나친 칭찬과
## 잘못된 칭찬

칭찬이 '성적'과 같은 기준에 따라서 오용되거나, 비인격적이거나 위계적이며 (한 집단에서 항상 특정인만 칭찬을 받는 것과 같이) 일방적으로 사용될 경우 칭찬의 가치는 완전히 무너질 수 있다. 때로 칭찬은 '하사되는' 것 같은 가식적인 효과를 가져오기도 하고, 종종 차별적이고 모욕적인 효과를 주기도 하며, 어떤 경우에는 협박의 의미가 담겨 있기도 하다.

그중에서도 특히 위험한 것은 칭찬과 비판이 섞이는 경우다. 우리는 말을 하면서도 자신이 정확하게 무슨 이야기를 하는지 종종 명확하게 의식하지 않기 때문에 무의식중에 이런 실수를 하기 쉽다. 어떤 경우에는 비판적인 칭찬은 계산된 표현일 수도 있다. 가령 "매우 좋다. 하지만……"으로 시작되는 표현이나 "일단은 긍정적이다"와 같은 도입부로 시작되는 칭찬은 이 범주에 속한다. 상대는 이런 말을 듣고 논평자의 본래 목적은 비판일 뿐 칭찬은 그저 질책의 매개 역할이라는 것을 바로 감지할 수 있다. 그런데 많은 사람이 사용하고 있는, 비판 사이에 칭찬을 끼워 넣는 '샌드위치 방식'으로 인해 칭찬은 오히려 압박의 수단 혹은 미묘한 형태의 협박으로 받아들여지고 있다.

## 질릴 때까지 칭찬하기

신경쇠약 진단을 받고 응급실에 입원한 한 남성이 꽥꽥 소리를 질러댔다. "정말 질릴 때까지 칭찬하는군요…… 이제 그만 하시죠. 이제 진짜 질렸어요. 너무 끔찍하다고요!" 안톤은 직장에서 회의를 마치고 쓰러졌으며, 가슴 압박과 호흡곤란을 호소했고 심장마비 증세가 우려됐다. 병원의 신체검사 결과 심장부정맥과 약간의 높은 혈압, 약간의 높은 지방 수치를 제외하고는 이상 소견이 발견되지 않았다. 정신과 의사는 전형적인 번아웃 증후군에 속하는 우울증이라는 진단을 내렸다.

안톤은 직업적으로 매우 유능했고 야심 차고 믿음직스러웠으며 회사에서 인정을 받는 사람이었다. 그는 회사의 모든 요구 사항을 수행했고, 추가 업무도 묵묵히 해냈으며, 절대로 "못 해요"라는 말을 하지 않았다고 한다. 하지만 어느 순간 모든 것이 감당하기 어려웠다. 안톤은 자신이 너무 착해서 점점 사람들에게 이용당하고 있다는 생각이 들었다. 직장에서나 사적으로나 모든 사람이 그를 이용하는 것 같았다. "당신처럼 할 수 있는 사람이 어디 있어요!" "어떤 사람도 당신처럼 만족을 주진 못해요." "다른 사람에겐 이런 부탁을 할 수도 없지요." "우리에겐 당신이 유일한 희망이에요!"라는 말을 수도 없이 들었다.

안톤은 겉으로는 너무 듣기 좋은 칭찬이 자신을 통제하고 있다는 생각이 들었고, 이는 점점 체념하게 만들고 동시에 의욕을 꺾어버리게 했다. 결국, 그는 번아웃 치료 상담소로 오게 되었다. 심리 상담에서 그에게 무슨 치료를 기대하는지 원하는 것이 무엇인지 묻자, 그는 의외의 대답을 했다. "나는 이미 질리도록 칭찬을 받았으므로 죽을 때까지 칭찬을 받고 싶지 않아요!"

아동 심리학자들은 지나친 칭찬은 자기애적 성격 장애를 일으키거나 칭찬 의존성을 키울 위험성이 있다고 경고한다. 아이가 지나치게 모든 것(모든 자연적 발달 단계, 당연한 성취나 일반적인 행동)에 대해 칭찬받을 때, 선의의 칭찬은 그 가치를 잃고 약을 남용하는 것과 같은 효과를 낳게 한다. 그러면 마치 마약과 마찬가지로 칭찬은 진정한 심리적 힘을 전달할 수 없으며, 피상적인 우월감과 도취감에 가까운 감정 상태만을 전달할 수 있다. 칭찬에 둘러싸인 아이는 마약 중독자와 같이 점점 더 자주 많은 칭찬을 바라게 되고, 이에 대한 부작용으로 자존감의 위기, 실패에 대한 두려움, 내면의 공허함 등이 생길 수 있다. 또한 이는 결국 자아도취적인 성격을 갖게 되는 원인이 된다.

암스테르담 대학과 위트레흐트 대학의 아동 심리학자들은 거짓으로 과장된 칭찬이 아이들의 자신감을 떨어뜨린다고 경고하기까지 한다.[16] 이들의 실험에서, 자존감이 낮은 아이들은 적절한 피드백을 받았을 때 어려운 일에 도전하려 시도하는 반면, 지나친 칭찬을 받으면 오히려 자신감을 잃어버린다는 것을 발견했다. 아이가 전혀 칭찬을 못 받거나 관심을 적게 받는다면 아이는 평생 감정의 영양분을 갈망하게 될 것이고, 이는 그 아이가 칭찬에 중독되기 쉽다는 것을 의미한다. 너무 많은 것과 너무 적은 것은 같은 효과를 낳는다.

> 너무 적거나 혹은 너무 많은 칭찬은 병적으로 이기적인 성향, 즉 나르시시즘에 빠질 위험을 증가시킨다. 그러므로 진정성 있는 적절한 칭찬이 무엇보다 중요하다.

많은 사람이 칭찬하는 것을 어려워할 뿐만 아니라 칭찬을 받아들이는 것도 어려워한다. 이것은 독이 든 칭찬과 거짓 존중에 대한 두려움일 수도 있고, 자기 부정의 성향 때문일 수도 있다. 하지만 분명한 것은, 사람들은 대부분 감정을 다루는 것에 어려움을 느끼고 긍정의 관심을 거부하는 태도를 갖는다는 것이다. 여전히 많은 사람이 인정과 존중에 대한 욕구를 스스로 부끄러운 것으로 생각한다.

최초의 아시아 노벨상 수상자이며 철학자이자 예술가인 라빈드라나트 타고르Rabindranath Tagore는 언젠가 이렇게 말했다. "당신의 칭찬은 나를 부끄럽게 합니다. 오랫동안 나는 그것을 남몰래 구걸해왔기 때문입니다." 어쩌면 이는 타인에게 보이고 싶은 자신의 모습과 달리 자신만만하지 못한 자신에 대한 막연한 불안 탓인지도 모른다. 어쩌면 칭찬을 거부하는 마음은 칭찬에 대한 열렬한 요청이자, 더 많은 애정을 요구하는 외침이다. "칭찬을 거부한 자는 다시 칭찬을 받고 싶어한다."


## 감사는 당신을
## 행복하게 한다


감사는 특별하고 적극적인 존중의 형태다. 받은 혜택을 의식적으로 인식하는 태도이자 동시에 만족을 표하는 방식이기도 하다. 사회학에서 감사는 보편적인 미덕으로 일컬어지며, 인간 사회의 가장 중요한 구성 요소 중 하나로 여겨진다. 감사는 선행을 보답하고 격려함으로써 사람들 사이의 긍정적인 관계를 증진시킨다.

감사의 중요성은 많은 종교에서 표현하는 감사에 대한 개념과 그 가치를 보더라도 알 수 있다. 유대교의 성경에도 감사는 매우 중요한 개념이며 기도에 수없이 등장하는 필수적인 부분이다. 시편은 신에 대한 감사에 초점을 맞추는 것으로 알려져 있지만 인간의 선함에 대한 감사도 언급된다. 또한 기독교에서 감사는 최고의 미덕 중 하나이며, 사랑 다음으로 진정한 영성에 대한 깊은 표현이다. 마르틴 루터Martin Luther는 이를 기독교의 본질적인 태도이자 탁월한 요소로 보았으며, 현대 신학자들은 감사를 복음의 심장이라고 부른다. 코란에도 신에 대한 감사라는 개념을 담고 있다. 예언자는 감사의 긍정적인 효과에 대해 다음과 같이 말했다. "당신이 받은 풍요에 대한 감사는 풍요가 다하지 않으리라는 것을 가장 잘 보장하는 약속이다."

로마의 위대한 정치가이자 웅변가인 마르쿠스 툴리우스 키케로Marcus Tullius Cicero는 감사를 "모든 미덕 중 가장 위대한 것이며 모든 것의 어머니"로 평가하면서 감사보다 시급히 갚아야 할 빚은 없다고 말했다. 하지만 그는 인간에 대한 실망을 느꼈는지 울분에 찬 어조로 다음과 같이 말하기도 했다. "감사 받기를 원한다면 개를 사는 것이 낫다." 이는 이후에 그가 남긴 다음의 체념적 표현의 바탕이 되었는지도 모른다. "인간을 알고 난 후부터 나는 개를 사랑하게 되었다."

철학에서도 감사에 대한 많은 논의가 이루어졌는데, 일찍이 1790년 스코틀랜드의 경제철학자 애덤 스미스Adam Smith는 감사의 세 가지 심리적 요건을 묘사한 바 있다. 그것은 감사하는 사람의 의도, 감사를 받는 사람에 대한 그의 감정, 그리고 감사로 돌아오는 성공적인 행동이다. 이야말로 존중이 바탕이 된 행동이 갖추어야 할 덕목을 보여주는 것이 아닐까?

존중의 포괄적인 개념과는 대조적으로 감사는 과학적 방법을 이용하여 연구할 수도 있다. 학계에서는 다음과 같이 감사의 범주를 구분한다.

• 영구적이면서도 깊게 자리 잡은 감사의 형태로 사람이나 드

높은 권능에 대한 감사

• 누군가 가시적인 도움을 받았을 때 일어나는 순간적인 감사
  의 감정

평소 감사의 태도를 지닌 사람들이 자신의 삶과 사회적 관계
에 더욱 만족한다. 특히 급변하는 환경에서 스트레스에 더 잘 견
디며 우울증을 덜 느끼고, 전반적으로 자존감이 높으며 삶의 의미
를 더 깊이 느낀다. 이를 증명하기 위해 다양한 연구가 진행됐다.

이와 관련된 연구는 교육학에서도 진행되었다. 가족치료사
웬디 모겔Wendy Mogel은 정신 장애가 있는 아이들이 가진 주된 문
제는 새롭고 감각적인 현상에 대한 끊임없는 욕구 외에도, 감사할
줄 모르는 태도임을 발견했다.[17] 모겔은 감사할 줄 아는 아이가 되
도록 하는 양육 방식을 추천한다. 이 양육 방식이 아이의 관심을
자신 주변의 일상적이고 익숙한 것들로 돌려주기 때문이다. 이를
통해 아이들은 단순하고 사소한 일에도 큰 즐거움을 경험한다. 이
것은 마음챙김과 자신감 그리고 정서적인 경험을 북돋우는 역할
을 한다.

한 사람이 보이는 감사의 태도는 그 사람의 정신 건강과
밀접하게 연관되어 있다고 많은 연구자들이 말한다.

아래의 권고 사항은 우리가 칭찬과 감사라는 요소를 우리의

일상생활에 더 쉽게 활용하도록 도와줄 것이다.

## 권고 사항

- 많은 이들이 칭찬하거나 칭찬받는 것을 어려워한다. 인간의 기본적인 욕구라 생각하고 아낌없이 칭찬하라.
- 상투적인 문구가 아닌 자신의 언어로 칭찬하고 칭찬의 대상에게 직접 전달하라.
- 결과가 아닌 노력과 의지에 대해 칭찬하라. 특히 아이들이 어떤 일을 접할 때 창의력과 의욕을 가질 수 있고, 실패를 재앙으로 생각하지 않도록 하는 데 이는 매우 중요한 요소다.
- 당연하게 할 수 있는 것들에 대해 끊임없이 칭찬하지 말라. 이는 아이에게 칭찬에 대한 의존뿐만 아니라 자기중심주의와 이기주의를 불러일으킨다.
- 도움과 호의에 대한 보답으로 겉치레 인사보다는 진심 어린 감사의 말을 전하라.
- 자신의 삶에서 좋은 것, 아름다운 것을 찾아보도록 하라. 이로써 여러분은 철학자 프랜시스 베이컨Francis Bacon의 말대로 감사로 가득 찬 내면을 가질 수 있다. "행복한 사람이 감사함을 느끼는 것이 아니라 감사함을 느끼는 사람이 행복한 사람이다."

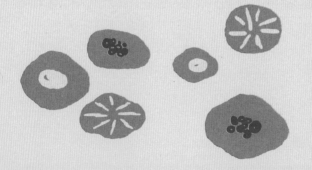

# 13장

# 연인과 부부를
# 위한 존중

"사랑의 결핍이 아니라
우정의 결핍이
가장 불행한
결혼 생활을 낳는다."

프리드리히 니체
Friedrich Nietzsche

연인의 위기는 존중의 끝과 함께 시작된다. 좋은 인간관계를 받치던 주춧돌이 사라지면 그 관계는 돌이킬 수 없는 파국을 맞이하게 된다. 연인들이 처음 만나 느끼는 애정은 언젠가는 식기 마련이며 사랑은 강요할 수 없다. 하지만 존중의 태도는 끝없이 유지될 수 있고 지속되어야 한다. 그렇지 않으면 위기가 찾아올 때 이를 극복하고 안정된 관계를 유지할 가능성이 낮아진다. 존중은 우정의 기본 요소이며 사랑보다 더 오래 지속될 수 있다. 이는 힘든 시절이나 좋은 시절을 통틀어 두 사람 사이를 잇는 다리 역할을 한다.

이상적으로 보이던 배우자가 점차 매력을 잃어간다. 인생의 길을 함께 걷기로 약속했던 당시에는 깊은 애정을 느꼈지만, 이제 더 이상 상대방의 환심을 사려고 애쓰지 않는다. 그러면서 서로에게 포옹이나 감사의 인사, 따뜻한 손 잡기 같은 작은 애정 표현들이 점점 줄어든다. 서로가 신뢰를 당연하게 여기고 일상적인 감정 표현들이 더 이상 의미 없는 일이 된다면 상호존중은 점차 사라지게 된다. 이마누엘 칸트Immanuel Kant는 "존중 없이는 사랑도 없다"고 말했다. 관심, 존경, 애정은 저절로 생겨나는 것이 아니라 우리가 지키고 키워야 하는 것이다.

## 모두 '정상적'이라고?

44세의 수공예 장인인 빌프레드는 '히스테리 발작'이란 진단을 받고 정신병원에 입원했다. 그는 느닷없이 비명을 지르며 주먹을 휘둘러 아내를 공격한 뒤 작업장으로 달려가 쇠 공구로 자신의 목을 가격해 심한 상처를 입었다. 이 사건이 생기기 전, 그에게는 아무런 정신 발작의 징후가 없었다. 그는 술을 마시지도 않았고 충동적이거나 공격적인 성격도 아니었다.

상담을 하면서 빌프레드는 속을 털어놓았다. 언젠가부터 아내는 그에게 따뜻한 말을 건네지도 않고, 그가 어떤 관심거리가 있는지 앞으로의 계획은 무엇인지 묻는 법이 없었다. "인생에서 작고 당연한 것들이 우리 삶엔 아예 존재하지 않았어요." 빌프레드는 애정과 관심에 대한 희망을 버리지 못했다. 그는 아내의 감정 어린 반응을 점점 더 갈구했지만 모두 허사였다. "싸움은 없었지만 항상 차가웠지요!" 이 문제에 대해 아내와 여러 차례 대화를 시도했지만 언제나 실패했고, 그는 자신의 고뇌를 아무에게도 말할 수 없었다. 부인은 어쨌든 모든 것이 '정상적'이지 않느냐고만 말할 뿐이었다. 그 상황은 빌프레드를 분노하게 했고 동시에 무력하게 만들었다. 그는 자신감과 즐거움을 모두 잃었다. 시간이 흐르면서 모든 것이 의미를 잃었고 어떤 것도 가치가 없었다.

모든 연인 관계에는 존중을 받기 위한 끊임없는 양자 간의 힘겨루기가 있다. 누가 더 사랑하고 누가 덜 사랑하는가? 한쪽의 감정이 더 깊은가 아니면 다른 쪽이 애정을 충분히 느끼지 못하는가? 어떤 쪽이 더 배려가 깊고 어떤 쪽이 더 자기중심적인가? 무거운 침묵 속으로 도망치는 쪽은 누구이며 침묵의 빙하기를 깨는 쪽은 누구인가? 누가 상대방에게 더 큰 의미를 지니며 누구의 노력이 과소평가되고 있는가? 이 질문들은 연인 관계에서 항상 서로 의식하는 부분이고 관심거리다.

## 네 가지
## 종말의 기사

부부나 연인 관계에서 존중의 중요성은 학계에서도 다양하게 연구되고 인정받아왔다. 이 분야의 저명한 연구자 존 가트맨 John Gottman은 관계를 파괴하는 네 가지 주요 요인을 설명한다. 요한 묵시록의 종말론에 등장하는 인물을 빌려와 그는 이것을 '묵시록의 4기사'라고 부르는데, 모두 본질적으로 존중이라는 주제와 관련이 있다.

1. 비판: 이는 상대를 비난하고 깎아내리는 공격적인 비판을 의미한다. 이러한 비판은 거의 배우자에 대한 거부로 대화가 끝난다. 가트맨은 상대를 비난하지 않고 문제를 서술하는 방식으로 상대와 대화할 것을 제안한다. 불만 사항을 이야기할 때는 배우자의 성격을 비난하기보다는 특정 사건을 위주로 다루고 자신의 감정에 관해 이야기하는 것이 바람직하다. 이렇게 함으로써 상대를 방어적인 입장에 밀어넣지 않는다.

2. 경멸과 냉소: 빈정거림과 냉소, 조롱과 무례함은 존중의 적들이다. 가트맨이 묵시록의 4기사 중 가장 위험하다고 본 경멸은 공격적인 비판과 해결되지 않은 갈등의 산물이다. 경멸은 오직 상대방을 해치는 것을 목표로 하고, 문제를 해결하려는 어떤 노력도 가로막는다.

3. 정당화: 상대의 비판과 경멸에 대한 정당화는 대체로 상대방에 대한 비난을 동시에 담고 있다. 그리고 이런 방식은 결국 갈등을 해결하기보다는 쌓아가는 결과로 이어지는데, 그 이유는 반드시 존재하는 자신의 책임을 항상 부정하기 때문이다.

4. 방어적 행동: 가트맨에 따르면, 묵시록의 4기사 중 마지막은 대개 여자보다는 남자 쪽에서 훨씬 더 많이 볼 수 있는 모습으로 침묵과 회피와 관련 있다. 이는 자신의 둘레에 언어적·감정적 벽을 쳐놓는 것인데, 상대와의 교류를 차단하며 의사소통의 종말을 가져온다. 이는 종종 상대에 대한 경멸의 표현이기도 하다.

다섯 번째 기사는 가트맨 이후 다른 심리학자들과 치료사들에 의해 소개된 '권력의 증명'이라는 요소인데, 이는 다른 모든 요소에도 얼마간 내재되어 있는 것이다.

가트맨은 이런 관찰을 통해서 통계적 결과를 산출했다. 부부나 연인 관계에서 네 가지 파괴적인 행동이 모두 일어난다면, 두 사람이 헤어질 확률은 82퍼센트에 이른다. 그리고 존중의 태도와 파괴적 행동의 비율이 5 대 1 정도일 때, 두 사람의 관계가 안정적이고 만족스럽게 유지된다. 이것이 이른바 가트맨 이론이다. 이는 부부 간에 논쟁과 싸움이 없어야 한다는 것이 아니라, 두 사람 사이에 부정적인 행동이 한 가지 일어났다면 다섯 가지의 긍정적인 행동으로 보상해야 한다는 것이다. 이러한 연구에 기초하여, 가트맨은 행복한 결혼 생활을 유지할 수 있는 일곱 가지 기본 규칙을 제시한다.

1. 애정지도(배우자의 인생과 관련된 정보를 머릿속에 그려놓

은 지도)를 최신 상태로 유지하라. 즉, 상대를 잘 파악하고 변화를 세심하게 관찰하기 바란다. 이는 서로에 관한 관심을 유지하는 방법이기도 하다.

2. 서로에 대한 애정과 존중의 태도를 키워라. 서로에게 긍정적인 감정을 표현하는 것만이 관계의 토대를 굳건하게 할 방법이기 때문이다.

3. 서로에게 등을 돌리지 말고 서로를 향해 돌아서라. 아무리 힘든 일상 속에서도 감정의 끈을 유지하라.

4. 상대방이 나에게 영향을 미치도록 허락하라. 다시 말해 기꺼이 타협하고 양보할 줄 알아야 한다. 당신의 의견만 중요한 것이 아니기 때문이다.

5. 닥쳐온 문제를 해결하라. 더불어 상대의 실수를 용인하라. 세상에는 간단히 해결할 수 없는 문제들이 있다.

6. 교착 상태를 타개하라. 근본적인 성격 차이를 존중하고, 그 결과로 발생하는 반복적인 갈등을 피하거나 해결할 방법을 함께 모색하라.

7. 공동의 의미와 목표 만들어라. 꿈을 공유하고 공통의 목표를 위해 함께 노력하라.


가트맨에 따르면, 모든 결혼 관계의 기본은 우정이다. 그는 우정을 '모든 결혼 생활의 심장'이라고 부른다. 어려운 시기에도 서로에 대한 존중을 유지할 수 있게 하는 것이 우정이기 때문이다.

이 중요성은 두 번째 규칙에서 특히 강조되는데, 상대를 존중해야 하는 것뿐 아니라 당당히 요구해야 한다는 것에 주목해야 한다.


## 사랑의 지뢰밭을
## 지나서


최근 연인 갈등의 주요 원인으로 나르시시즘적 행동이 많이 언급되고 있다. 이는 오늘날 나르시시즘이 유행하고 그에 대한 각별한 인식 때문이 아니라, 실제로 우리 시대가 상당히 자기중심적으로 향하고 있다는 데 기인한다.

부부나 연인 관계에서 배려심이 없고 공감이 부족한 행동이나 지속적으로 상대를 비하하는 태도를 자주 볼 수 있다. 나르시시즘적인 행동이 문제가 되는 것은 자신 외에 상대에게 적절한 관심을 주지 않기 때문이다. 연인 관계에서 두 사람이 모두 나르시시스트면 이들은 오래 지속되기 어렵다. 연인에게조차 자신이 진심으로 아끼고 배려해야 할 이로 받아들이지 못하고, 존중의 태도를 보이지 않기 때문이다. 커플 중 한쪽이 나르시시즘적 태도를 보이고 다른 쪽이 이에 만족하는 상호보완적 관계도 종종 실패하게 된다. 어느 순간 다른 한쪽이 더는 숭배자와 예스맨의 역할을 포기하고 자율적인 행동을 하거나 그 관계에서 벗어나려 하기 때문이다. 하지만 이에 깊이 분노한 나르시시스트는 처음에는 이성적인 말로 호소하지만, 나중에는 협박으로 자신의 권력을 유지하려 한다. 이는 대체로 위기를 더 악화시키고, 과거의 순종적이고 온순했던 상대 배우자의 모습을 되찾을 수 없게 된다. 최근 증가하고 있는 부부나 연인 사이의 비극은 자기중심주의와 그러한 인식 부족이 점점 커지면서 나타나는 결과라고 할 수 있다.

부부나 연인 관계에서 종종 한쪽이 충분한 사랑을 받지 못한다고 불평하는 경우가 있다. 이는 고통받는 쪽이 자기애적 욕구 때문에 지나치게 많은 사랑을 요구하는 건 아닌지, 혹은 상대방이 실제로 관심을 지나치게 적게 주는 건지 구별하기 어려울 때가 많다. 또한, 한쪽의 감정이 상대방이 원하는 만큼 깊지 않거나, 존중 결핍의 상태여서 상대를 향한 감정이 닫혀 있는 상황일 수도 있다.

빈의 커플 관계 연구가이자 섹스 치료사인 클라우디아 빌레 Claudia Wille는 네 가지의 '사랑의 지뢰밭'이라는 요소를 언급했는데, 이는 모두 존중 결핍과 관련이 있다.[18]

1. 의사소통 문제: 만족스럽고 존중을 바탕으로 한 소통이 이루어지려면 스트레스 관리가 잘 이루어져야 한다. 사적인 스트레스와 부담을 서로 같이 다루는 것이 안정된 커플 관계를 위한 결정적인 요소다. 이를 위해서는 균형과 평온함이 필요하다.

2. 형편없는 역할 구조: 좋은 관계는 가정, 일, 여가 등에서 어느 정도의 역할 분담 구조를 갖추어야 한다. 존중을 바탕으

로 한 대화를 통해 가사를 어떻게 나누고, 자녀를 어떤 원칙으로 양육하며, 재정적 문제를 어떻게 처리할 것인지 등의 역할 구조를 명확히 마련하는 것이다.

3. 모욕: 연인에게 모욕을 받을 경우 그 고통은 더욱 크다. 모욕을 준 상대가 나에게 중요하고 가치 있는 사람일 뿐 아니라 사랑하는 대상이기 때문이다. 두 사람이 과거에 주고받은 모욕을 어떻게 처리했는지, 서로의 상처와 두려움을 얘기했는지, 채워지지 않은 기대에 관해서도 대화를 제대로 했는지 살펴야 한다. 두 사람이 서로에게 요구하는 권리에 대해서도 의문을 제기해야 한다. 어떤 요구는 종종 모욕적으로 여겨질 수도 있다. 성적인 요구를 비롯한 모든 종류의 요구에 대해서는 소유욕이 아닌 존중의 태도로 접근해야 한다.

4. 어린 시절의 잔재: 종종 어린 시절 가족들과의 무의식적인 기억이 이후 배우자와의 존중 관계에 커다란 장애가 될 수 있다. 가령 애정이 없었던 어머니나 엄격했던 아버지에 대한 기억이 배우자에게 전가될 수 있는 것이다. 오래된 상처가 다시 트라우마가 되어서 돌아오거나 새롭게 터질 경우, 이는 특히 심각한 스트레스를 준다. 상대의 예민한 부분과 그의 가치관 그리고 아직 아물지 않은 배우자의 상처를 알아야만 우리는 그 사람에게 진정한 관심과 존중을 표할 수 있다.

미국의 커플 치료사 미라 커셴바움Mira Kirshenbaum이 2010년에 주장한 '관계 위기의 10가지 대표적인 원인'에는 존중 문제가 가장 앞에 등장한다. 첫 번째가 관심, 존중, 애정, 인정과 같은 '기본적인 욕구 충족'이 이루어지지 않으며 배우자에 대한 비하와 경멸이 점점 심화하는 경우다. 위기의 또 다른 요인은 좋은 관계를 유지할 여력을 제거해버리는 일상적인 스트레스다. 또 벽에 대고 이야기하는 듯한 느낌을 주거나 침묵을 고수하는 배우자도 커플 관계에서 문제가 된다. 충족되지 않은 욕구와 만족스럽지 못한 성생활은 각각 5위와 6위에 올라와 있다. 때로 두 사람의 상반된 성격의 차이가 너무 커서 좁혀지기 어려울 수도 있다. 또 배우자가 입은 상처가 제대로 치유되지 않으면 오히려 원한을 불러일으켜 둘의 관계를 긴장시킬 수도 있다. 커셴바움 리스트의 아홉 번째를 차지하고 있는 관계 위기의 원인은 배우자의 정신질환과 같은 성격의 문제다. 마지막으로, 10위를 차지하는 요인은 상대에게 "기대할 거라고는 하나도 없다"라는 식의 존중 결핍의 문제다. 기대가 적을수록 내가 주는 것도 적어지고, 적게 줄수록 받는 것도 덜하며, 받는 것이 적을수록 기대도 덜해진다. 이 모든 것은 결국 관심 부족과 포기 그리고 궁극적으로 완전한 존중 결핍으로 이어진다.

## 성공적인 관계를 위해
## 해야 할 것들

만약 상호 간의 존중이 자연스럽게 지속적으로 이루어진다면 그 커플은 많은 문제와 갈등, 스트레스와 좌절에서 벗어날 수 있다. 이런 커플의 대부분은 어려운 상황이 오더라도 위기 상담이나 치료적 개입 혹은 부부관계 세미나 등에 참여하지 않고도 문제를 해결할 수 있다. 그렇다고 존중이 커플 관계에서 발생하는 모든 문제를 해결하거나 사라지게 할 수 있는 것은 아니다. 단지 그것은 두 사람의 관계의 바탕이 되는 통합의 정신과 선의를 유지하게 만든다. 그럴 때 위기는 새로운 시작이 될 수 있고, 두 사람의 인격 개발과 관계 능력과 존중의 의지를 향상시키며, 그 결과 자존감을 높이는 역할을 한다.

커플 관계를 연구한 결과를 요약하면, 좋은 관계를 만드는 데는 여섯 가지 요소가 있다. 이는 성공적인 커플 관계를 위한 필수 조건이며 모두 존중과 밀접한 관련이 있다. 아래는 여러분의 더 나은 커플 생활을 위한 권고 사항이다.

### 권고 사항

1. 파트너의 장점과 단점뿐 아니라 그것들의 배경이나 상대의 걱정거리 등에 대해서도 잘 알고 있어야 한다.
2. 연대감을 계속 느끼고 말과 몸짓을 통해 서로의 연결고리

를 단단하게 만든다.

3. 갈등하는 상황에서도 거리를 두지 말고, 이미 침묵의 벽이 세워진 상황이라도 연결고리를 찾고 대화를 시도하라.

4. 서로를 존중하고 파트너의 거친 면을 받아들이도록 하라. 특히 다툼이 일어난 상황에서도 이를 적용하라.

5. 커플 관계에서 권력의 균형을 가지도록 노력하라. 그래야만 두 사람이 같은 눈높이에서 서로를 존중할 수 있다.

6. 문제가 발생할 때 이를 관계를 파괴하는 요인이 아니라 도전 과제로 보려고 노력하라. 이를 통해 두 사람은 관계를 더욱 발전시키고 서로에 대해 더 잘 알게 된다.

# 14장

# 회사와 직원을
# 성장시키는 존중

"사장이란

어떤 행동을 하는 사람이 아니라

어떤 행동을 하고 싶도록

열정을 일깨우는 사람이다."

에드거 피사니
Edgar Pisani

과학은 인간이 경험한 사실이나 자연현상을 연구 결과로 증명해주는 것만으로도 큰 의미가 있다. 우리가 직장에서 경험하는 존중과 인정이 업무 능력에 미치는 긍정의 효과도 여러 과학 연구의 결과로 증명되고 있다. 상호존중의 기업 문화는 회사의 생산성을 높이고, 직원들의 회사에 대한 정서적 애착을 강화시키는 것으로 나타난다.

많은 연구 결과가 존중이 직장에서 동기부여와 헌신을 위한 중요한 요소라고 말한다. 예를 들어, 다름슈타트 공과대학의 심리학 교수 다니엘라 로하우스Daniela Lohaus가 이끄는 연구팀은 2013년에 매력적인 회사는 과연 무엇인지를 조사했다.[19] 그 결과, 가장 중요한 요소는 지속적인 인정과 존중을 바탕으로 한 직장 문화였다. 이에 비해 사회복지를 포함한 급여 문제는 7위에 그쳤다.

갤럽 연구소가 2012년에 34개국 기업을 대상으로 벌인 조사에서 회사에 대한 정서적 애착이 높은 수준일 때 생산성은 21퍼센트, 수익성은 22퍼센트 증가한 것으로 나타났다.[20] 또한 회사에 대한 정서적 애착이 덜한 직원들에 비해 결근은 37퍼센트가, 품질 결함률은 41퍼센트가 낮았다.

심리학자 바버라 프레드릭슨Barbara Fredrickson 교수와 경영 컨설턴트 마셜 로사다Marcial Losada가 2005년에 실시한 연구[21]에서도, 상호존중의 분위기를 가진 기업에서는 생산 결과뿐 아니라 직원들의 일에 대한 즐거움과 수행 의지가 훨씬 더 높은 수치를 보여주었다. 이 연구에서 도출된 공식인 '로사다 비율'은 직원들이 받은 하나의 부정적 피드백은 다른 세 가지 긍정적 피드백으로 보상할 수 있다는 것이다. 이것이 유지된다면, 직원들의 즐거움과 회사의 수익을 동시에 거두는 근무 환경이 조성될 수 있다. 이는 회사와 직원 모두에게 가치 있는 보상이다.

## 보상이
## 필요한 이유

과학 분야에서는 직장에서의 칭찬과 인정, 존중과 관련된 모든 보상을 아우르는 '특별보수Gratifikation'라는 전문용어가 정착됐다. 말 그대로 '우대Gefalligkeit'라는 의미를 담고 있는 이 용어는 임금 외의 특별한 금전 보상뿐만 아니라 고용 안정, 승진 기회, 인정과 존중 등 모든 종류의 보상을 의미한다. 물론 이들이 받는 물질적·비물질적 보상은 받는 사람이 만족감을 느낄 수 있을 만큼의 수준이어야 한다.

직장에서의 칭찬과 인정의 필요성은 '인정 발전소Kraftwerk Anerkennung'라는 포괄적이고 상세한 연구 작업에 잘 정리되어 있다.[22] 회사의 존중 결핍에 따르는 결과를 묻는 질문에서, 참여자의 97.5퍼센트는 더 이상 일할 의향이 없다고 답했고, 94퍼센트는 회사의 목표 달성에 신경 쓰지 않는다고 답했다. 73퍼센트는 직장 내에 번아웃 사례가 증가했다고 말했고, 92퍼센트는 내적으로 체념의 감정을 느낀다고 했다. 각종 추산에 따르면 직장 내 불만족으로 인한 경제적 피해는 독일에서만 연간 1,000억 유로에 육박한다.

같은 연구에서 응답자 10명 중 9명은 현재 직장에서 인정을 더 받고 싶어 한다는 사실이 밝혀졌다. 또 거의 60퍼센트의 직원은 직장에서 한 달에 한 번 정도의 인정이나 칭찬을 받았다고 말했다. 긍정적인 피드백을 다시 받기 위해서는 평균적으로 75일을 기다려야 한다는 사실도 포함되어 있다. 또 직장 임원 중 81퍼센트가 자신이 직원들에게 자주 칭찬을 해준다고 믿지만, 조사 대상자의 60퍼센트는 상사가 인정의 표현을 시도하려는 의지가 보통 수준이라고 대답했다.

## 보상 위기가 일으키는 결과

직원들이 적절한 인정과 보상을 받지 못한 채 장기간 무리하게 착취당했다는 느낌에 시달리면 불만족으로 인한 위기가 찾아올 수 있다. 의료사회학자 요하네스 지크리스트는 이런 현상을 양팔 저울로 설명한다. 한쪽 접시에 성과가 놓여 있고, 다른 한쪽 접시에는 보상이라는 요소가 놓여 있다. 만약 이 저울에서 한쪽의 무게가 더 가중되면 온갖 위험을 동반하는 내적 위기가 찾아올 수 있다는 것이다. 그런데 대체로 업무 성과는 직장인의 내적 동기에서 비롯되며, 외적인 부분으로 업무에 대한 커다란 압박, 초과 근무, 복합적인 작업량 등도 영향을 미친다.

### 1999년 크리스마스 파티

2015년 가을이었다. 이사진과 부서장들이 참석한 경영세미나에서 칭찬과 인정이 결여된 회사 분위기가 화두로 등장했다. 고참 직원 중 한 명인 월터는 사장 앞에서 용기를 내어, 칭찬이라고는 거의 들을 수 없는 직장 분위기에 대해 지적했다. 사장은 매우 놀란 듯했다. 그는 거의 펄쩍 뛰는 듯한 반응을 보이더니 잠시 생각에 빠졌고 마침내 대답했다. "그래? 내가 당신을 분명히 칭찬했던 적이 있었는데……. 맞아, 1999년 크리스마스 파티 때였어요!"

지크리스트 모델의 핵심은 높은 성과와 낮은 보상 사이의 불

균형이 반복될 때 강한 스트레스를 느낄 수 있다는 것이다. 존중 부족은 특히 직장인들에게 가장 큰 스트레스 요인이다. 이는 실제로 감정적·신체적 손상을 불러온다. 특히 두려움이나 분노, 무력감 같은 부정적인 감정이 위험하다. 또한 스트레스가 활성화되어 좌절감, 체념, 번아웃 같은 증세가 찾아오고 혈압 상승이나 심장 부정맥, 지방 및 당 대사의 손상도 초래할 수 있다.

지크리스트는 실험 연구에서, 직장에서 '보상 위기'를 겪는 사람에게서 스트레스 호르몬과 우울증에 영향을 미치는 심리적 반응 패턴의 손상이 보인다는 점을 밝혔다. 무엇보다도, 계속되는 기대의 좌절과 실망감은 분명하게 우울증 위험을 증가시키는 것으로 나타났다.

## 어디서나 존재하는
## 괴롭힘

현대인의 직장 생활에서 존중의 가장 큰 적은 정신적인 폭력이라고 할 수 있는데, 흔히 직장 상사의 권력 남용의 형태로 많이 드러난다. 이는 주로 직장이나 사적 관계에서 다수에 의해 한 사람이 배제당하거나 굴욕적인 대우를 당하는 것을 말한다. 괴롭힘 mobbing은 따돌리기나 스토킹의 동의어로 광범위하게 사용되는데 누군가를 공격한다는 의미로 사용되기도 한다.

괴롭힘을 파괴적인 행동으로 묘사하는 것은 가능하지만, 그 현상을 법적 용어로 정의하기는 어렵다. 대부분의 모욕에서 흔히 볼 수 있듯이, 어떤 행동에 대한 가해자와 피해자의 해석은 대개 정반대다. 피해자들은 자신들이 겪었던 상황을 '지옥'이라 설명하지만, 가해자들은 자신의 행동을 정상이거나 '약간 거칠었던' 행동이라고 말한다. 보수적으로 추산한 바에 따르면, 약 10퍼센트의 직원들이 직장 생활을 하면서 적어도 한 번은 상사나 동료 직원의 악의적인 행동을 경험한 것으로 나타났다. 특히 전문직과 사무직 종사자가 이런 직장 내 괴롭힘을 많이 받는 반면에, 농업과 같은 자율적인 직업에서는 괴롭힘의 비율이 낮다.

괴롭힘은 업무 자료를 파괴하거나 성희롱을 하는 등의 폭력적인 형태로 나타난다. 하지만 대개는 언어적인 괴롭힘이 많으며, 최근 몇 년 동안은 사이버 괴롭힘도 점점 많아지고 있다. 말 그대로 인터넷상에서 공개적으로 비하하고 수치심을 주는 것이다. 괴롭힘 행위는 상대를 무시하고 비하하는 것과 중요한 정보를 알려주지 않거나 집단 내에서 배척하는 등 여러 방식이 있다. 다음은 '가장 널리 퍼진' 괴롭힘의 방법들이다.

1. 뒤에서 험담하기
2. 경멸하는 표정과 몸짓
3. 감정적인 접촉 거부
4. 직무수행에 대한 공격적인 비판

5. 끊임없이 말 가로막고 끊기

6. 조롱하기

7. 중요한 정보 숨기기

8. 큰 소리로 소리치고 욕하기

9. 정신 장애가 있다며 험담하기

10. 팀 미팅에서 제외하기

11. 업무 할당이 없거나 무의미한 업무 할당

12. 종교적 또는 정치적 태도에 대한 비판

이처럼 일일이 나열하기도 쉽지 않은 괴롭힘이 낳는 결과는 심각하다. 피해자들은 적대적인 환경에 놓이게 되면 인간으로서 굴욕감을 느끼고 자신을 동료로 대하지 않는 듯한 느낌을 끊임없이 갖게 된다. 그러면서 집중력 저하, 짜증, 산만함, 자존감 저하, 정서적 불안, 죽음에 대한 갈망 등 다양하고 절박한 증세를 겪게 된다. 피해자 중에는 외상 후 울분 장애, 즉 장기적인 심리적 영향을 수반하는 좌절감과 무력감을 경험하는 경우가 적지 않다. 때때로 결과가 너무 심각해지면 피해자들은 직장 생활을 더 이상 할 수가 없어서 퇴사를 해야만 한다.

가해자들의 면모를 보면 놀라울 정도로 다양하다. 전형적인 가해자들은 사이코패스적 성격을 가진 사람들이 아니라, 대부분 열등감과 불안한 정체성으로 남몰래 고통을 받는 사람들이다. 이들은 직장 밖에서도 자주 갈등을 겪고 괴롭힘의 피해자가 된 경험도 그리 드물지 않다. 다시 말해, 위에서 당한 괴로움을 아랫사람에게 푸는 샌드위치 신세가 많은 것이다.

직장 내 괴롭힘은 위계적인 질서에 따라 위에서 아래로만 일어나는 것이 아니다. 임원들 또한 괴롭힘을 당한다고 느끼는데, 가령 직장 내에서 조롱이나 비난을 받거나 사생활을 폭로 당하는 경우가 있다.

직장 내 괴롭힘은 분명 권력의 남용에 해당하는 행위이지만, 때때로 그것은 내면의 숨겨진 공격성을 해소하는 수단이기도 하다. 많은 가해자는 직장에서의 실패를 두려워하고, 직장이나 사생활에서 원하는 만큼 받지 못한 인정을 얻고자 끊임없이 사투를 벌인다. 그 과정에서 타인을 비하하고 깎아내림으로써 자신의 자존감을 높이는 방식을 선택하는 것이다.

요약하자면, 괴롭힘 등의 공격적 행동은 사람들이 모이는 곳 어디에서나 발생하고, 가해자와 피해자 모두에게 커다란 에너지를 앗아가며, 회사나 조직의 에너지도 크게 소모시킨다. 따라서 이는 직장에도 커다란 손실 요인이 될 수 있다. 이에 대한 최고의 해독제는 생활 속에서 키워가는 존중의 문화다.

# 존중의
# 리더십

직장의 존중 문화는 관리자의 존중에 바탕을 둔 리더십에서 시작된다. 좋은 리더십은 채용 과정에 긍정적인 영향을 미치고, 회사에 대한 직원들의 충성도를 강화하며, 동기부여와 만족도를 높일 뿐 아니라 회사의 성과에 큰 영향을 미친다.

리더십의 스타일은 권위적·민주적·가부장적·독재적·관료적 리더십 그리고 카리스마적·자유방임주의적 리더십 등으로 나눌 수 있다. 특히 뒤의 두 가지 리더십 스타일은 존중의 가치에 바탕을 둔 것으로 볼 수 있다. 인간적인 카리스마가 넘치는 지도자는 공감 능력을 갖추어 직원들을 존중 어린 마음으로 대한다. 또 자유방임주의 스타일은 직원들이 독립적으로 일하게 하고 자율적인 결정을 내리도록 해서 창의성을 발휘할 수 있게끔 한다.

이상적인 직장 분위기는 회사의 부서마다 다르게 적용될 수 있으며, 회사의 유형에 따라 다를 수 있다. 다만 지지와 격려, 자극과 통합을 기반으로 하고 때로 속도를 조절하며 언제나 존중의 태도를 잃지 않는 것이 필요하다. 따라서 관리자는 업무적인 전문 기술뿐만 아니라 높은 수준의 사회적 기술도 갖추어야 한다. 예민한 주제에 민감하게 대처하고 각자의 입장을 조율하는 회의를 진행할 수 있어야 한다. 한 기업의 존중 문화가 발전하고 유지되려면 임원 경영진이 그 본보기가 되어야 한다.

하지만 직원들도 더 나은 근무 환경을 조성하기 위해 노력해야 할 부분이 있다. 좋은 직장 분위기를 위해 중요한 것은 존중 문화를 위한 경영진과 직원들의 공동 노력이다. 기업은 우선 직원들을 대상으로 설문 조사를 실시해 존중 문화의 현주소를 파악해야 한다. 나아가 공정한 보수와 이익 분배, 교육 기회 및 승진 기회에 관한 협의를 함께 노력해나간다. 추가적인 사내 교육 프로그램을 통해 부서 간의 정보 흐름과 협력을 강화하고, 이를 통해 직원들 간의 대인 관계에도 긍정적인 영향을 줄 수 있게 한다.

존중의 리더십 문화를 안착시키는 임원 대상 세미나는 부하 직원뿐만 아니라 경영진도 많은 혜택을 받는다. 존중은 양방향으로 작용하기 때문이다.

직업적 만족도와 개인의 건강 사이의 관계 그리고 사회적 인정과 업무 성과 사이의 연관성을 조사하는 연구자들은 모두 명확한 결론에 다다른다. 즉 존중을 바탕으로 한 직장 문화는 스트레스 장애와 여러 기능 장애의 위험을 확실히 감소시키는 심리적 보호막이라는 것이다. 동시에 존중의 문화는 일에 대한 즐거움과 회사에 대한 충성도를 높이고 더불어 직원들의 만족감과 경제적 성과를 높인다.

# 15장

# 일상에서 존중의 가치
# 실현하기

"자기 자신을 알고 싶다면
타인의 행동을 보라!
타인을 이해하고 싶다면
당신 자신의 마음을
들여다보라!"


프리드리히 실러
Friedrich Schiller

우리가 삶에서 더 많은 배려와 마음챙김, 관심과 인정을 실천하고 우리 주변 이웃에 진정한 존중의 가치를 실현하고 싶다면, 우선 존중의 기본자세를 갖추어야 한다. 이것은 그저 외부 전문 강사에게 받는 교육, 혹은 책에서 외운 글이나 공식을 통해서 얻을 수 없다. 존중은 우리의 감정과 밀접하게 연관되어 있기 때문에, 존중의 행동은 의식적인 지시가 아니라 오직 진정한 감정의 변화를 통해서만 이루어질 수 있다. 이는 자신의 태도와 성격, 혹은 정서적 역량을 바꾸거나 키우기 위해 스스로 노력해야 한다는 것을 의미한다.

## 열린 마음을
## 가져라

존중에 없어서는 안 될 '사려 깊음'과 '마음챙김'의 자세를 갖기 위해서는 열린 마음이 필요하다. 주위 환경과 사람들뿐 아니라 나와 다른 생각들이나 문화적·정치적 흐름에도 열린 자세로 대응해야 하며, 새로운 사회적·기술적 변화에도 자신을 열어두어야 한다. 개방성이란 바로 다음과 같은 자세를 의미한다.

- 타인이나 타 집단 혹은 다른 생각에 대한 개방성. 이는 내적 각성을 필요로 하며, 편견에서 벗어나는 것을 의미한다.
- 나와 다르게 생각하고 행동하는 사람들과 소통하려는 의지는 상대의 눈높이에 맞추어 교류하려는 것이다. 즉 함부로 상대를 비하하거나 차단하지 않는 태도가 중요하다.
- 흘러가는 대로 내버려두기. 이는 위의 두 가지 태도와 관련이 있다. 자신의 견해를 절대화하지 않고 자동적 반응 패턴에 의문을 제기하며, 필요하다면 그것을 던져버릴 수 있는 태도다. 이는 자신을 발전시키려는 의지이기도 하다.

이러한 조건이 충족될 때 비로소 우리는 균형 잡힌 판단을 하게 되고, 의견이 다른 상대와 의사소통을 할 때도 정중하게 대처할 수 있다. 여러분의 내면에 뿌리 깊게 자리 잡은 고정관념과 행동방식은 사물에 관한 정확한 관점을 방해하기 때문이다.


## 호기심을 갖고 눈가리개를 벗어라

호기심이 없으면 진정한 개방성은 불가능하다. 과거에는 호기심이 비도덕적이고 나쁜 자질이며 심지어 악덕으로까지 여겨졌지만, 오늘날에는 새로운 것을 경험하고 알아가려는 심리적 자극이나 욕구로 받아들인다. 이는 새로운 것을 두려워하지 않는 개방성, 혹은 다양한 경험을 통해 지적 능력과 창의성을 얻고자 하는 욕구로서 개인의 긍정적인 특성과 관련이 있다. 그리고 이러한 개방성을 통해 사물의 이면을 들여다보고, 또 새로움을 발견하는 즐거움을 얻기도 한다.

열린 마음으로 소통한다는 것은 오늘날 널리 퍼져 있는 냉담함이라는 '환상'에 속지 않는다는 걸 의미한다. 냉담함의 가면 뒤에 숨어서 자신을 보호하려는 사람이나 자신의 감정과 욕구에만 집중하는 사람은 열린 마음을 가질 수 없기 때문이다. 게다가 냉담함은 보통 거드름 피우기나 아는 체하는 태도, 공격적인 비판과 함께 나타나기 때문에, 이들에게선 존중은 말할 것도 없고 어떤 긍정적인 기대도 하기 어렵다. 그러므로 마음을 연다는 것은 자아도취적인 눈가리개를 벗고 조금이라도 앞으로 걸어나간다는 의미이며, '당신'과 '우리'를 통해 자아 중독증에서 벗어난다는 의미이기도 하다.

그런데 '당신'과 '우리'를 나의 삶에 개입시키려면 개인적인 인연을 통해 정서적 가교를 만들어야 한다. 이 다리를 놓으려면 그 사람이 살아온 삶이나 성격 등에 관심을 가져야 하며, 어느 정도 직관력도 동원해야 한다. 그렇다고 해서 상대방이 항상 열린 자세로 나를 대하리라고 기대할 수 없다. 때론 상대의 방어적인 태도를 극복하기 쉽지 않다. 이는 심지어 전문 심리 치료사에게도 마찬가지다. 하지만 우리가 이를 단지 저항의 벽이 아닌 흥미로운 과제나 도전으로 본다면 좀 더 즐거운 마음으로 이에 접근할 수 있다. 만약 여러분이 '힘든 성격'과 '고집불통'을 누그러뜨리고 타인과의 소통에 성공한다면, 그것은 여러분의 심리적 소통 능력을 증명하는 것이다. 이는 다름 아닌 존중을 실현할 수 있는 능력이기도 하다.

> 타인의 말을 잘 경청하는 사람은 존중의 태도가 몸에 밴 사람일 뿐 아니라 진지하고 자신감 있고 존경스럽고 편안해 보이기까지 한다.

여러분이 타인과의 진정한 소통을 원한다면 경청하는 능력도 필요하다. 좌절하고 체념하고 외로운 사람들에게 이들의 문제를 관심 있게 들어줄 귀를 발견했다는 느낌은 그 자체만으로도 매우 소중하다. 자신의 시간을 내어 열린 마음으로 타인의 말을 듣는 자세는 상대에게 관심과 공감을 전달하기 때문에 최상의 존중 태도에 속한다. 오늘날 모두에게 소중한 시간이라는 선물을 타인에게 건네고, 이들의 생각과 문제를 진지하고 중요하게 받아들이고 공유한다는 느낌을 주는 일이기 때문이다.

## 자기 것을 포기하지 않는 관용

관용은 우리 외부의 것들에 대해 '예스'라는 의미의 열린 마음과 관련이 있다. 관용은 타인을 이해하고 받아들이며 모든 인간이 각각의 개성을 지닌 다양한 존재라는 사실을 수용하는 태도다. 관용의 태도는 열린 마음과 함께 존중의 길을 여는 전제 조건이다. 또한 공자孔子가 말한 것처럼 자신의 성장을 위한 기본 요건이기도 하다. "자신과 다르다고 해서 타인을 용납하지 못한다면 이는 지혜의 길과는 거리가 멀다."

'참다, 견디다'를 의미하는 라틴어 '톨레라레tolerare'에서 유래한 관용tolerance이라는 단어는 다른 사람의 생각과 개성, 삶의 방식에 대한 자유를 부여하는 것을 의미한다. 하지만 위의 어원이 가리키는 의미처럼 관용은 그저 참고 견디는 것이 아니다. 오히려 이는 관대하고 수용하는 태도에 가깝다. 그러나 무조건적인 수용은 아니며, 어떤 의견도 받아들이지 않는 편협함과는 반대다. 관용은 또한 자신의 가치를 포기하는 것이 아니며, 다른 사람의 의견에 무조건적인 동의를 보내고 이들의 행동을 받아들이는 것을 의미하지 않는다. 위대한 사상가이자 정신의학자인 빅터 프랭클Viktor Frankl은 이를 다음과 같이 요약했다. "관용은 타인의 견해를 공유하는 것이 아니라 타인에게 전혀 다른 견해를 가질 권리를 부여하는 것이다."

정치의 영역에서 관용이란 다른 신념을 가진 소수자에 대해 기성 사회가 보이는 태도이자 대응으로 볼 수 있다. 이런 식으로 실천되는 관용은 양쪽 모두를 보호하는 효력을 가진다. 즉 자신의 가치는 보존하면서 다른 생각을 가진 소수자들이나 외부인을 억압하지 않는다. 따라서 관용은 평화적인 공존과 공생을 위한 전제 조건이다. 즉 자유와 인간성 그리고 존중을 위해 반드시 필요한 것이다.

계몽주의의 후손으로서 관용은 일정한 중립성을 요구한다. 다시 말해, 상대를 판단하지 않고 배려하는 것이다. 괴테는 "관용은 실제로 일시적인 태도로서 상대에 대한 인정으로 이어져야 한다"고 했는데, 이는 관용과 존중의 밀접한 관계를 의미한다. 인정은 존중의 핵심 요소이기 때문이다. 알베르트 슈바이처Albert Schweitzer는 심지어 사랑 없이는 관용이 불가능하다고 말했다. 하지만 관용은 선악을 판단하는 데 모호하지 않으며, 어떤 식으로든 명확한 입장을 밝힌다. 관용은 나약함이나 무관심이 아니며 하물며 어떤 정신적인 결핍이나 자기 부정과도 거리가 멀다. 타인에 대한 관용적인 태도가 자신의 것을 포기하는 것은 아니라는 의미다. 진정한 관용은 그 사람의 뿌리 깊은 가치관이 존재함을 인정하는 것이다. 따라서 자신에 대한 확고한 믿음이 있는 사람만이 관용을 베풀 수 있다.

우리에겐 관용이 필요하지만, 그렇다고 자기를 포기하거나 폭력을 용인하는 정도로 관용을 베풀어서는 안 된다. 즉 '불관용에 대한 관용은 없다'라는 말을 되새길 필요가 있다.

철학에서는 관용의 개념을 선악의 인식뿐 아니라 진리와 자유에 대한 문제와 관련하여 다룬다. 사회학자 케이스 사위트Kees Schuyt는 관용을 '불완전한 미덕'이라 칭하며 실제로 거부되어야 하는 것을 허용하는 것이라 정의 내린다. 어쨌든 관용은 제멋대로 베푸는 것이 아니며, 사람과 자연에 해가 될 경우에는 제한을 둔다. 관용적인 환경 속에서 우리는 각자의 다른 가치와 삶의 방식에 대한 자유를 충분히 누릴 수 있으며, 의견과 언론의 자유를 위한 기본 권리를 보호받는다.

그런데 분명한 것은 관용과 무관심 그리고 이기심 사이의 틈이 상당히 좁다는 것이다. 관용이란 보통 타인을 대할 때 필요한 자세이지만, 종종 자신의 이익에 해가 될 때는 찾아보기 어렵다.

## 존중의 태도로
## 소통하라

존중의 마음을 가지고 타인과 존중에 바탕을 둔 관계를 맺기 위해서는 의사소통 방식이 중요하다. 존중은 받는 사람이 존중의 표현을 알아차리지 못한다면 제대로 된 그 목적을 달성할 수 없기 때문이다. 존중을 실현하기 위해서는 긍정의 감정 외에도 적절한 피드백이 필요하다. 그리고 그 피드백은 진실해야 하고 칭찬 심리학의 기본 원리에 바탕을 둔 것이어야 한다.

존중의 태도로 타인과 소통하는 능력은 상대의 행동이나 성격에 공감하고 수용하는 것과 연결되어 있다. 상대의 좋은 자질과 성취는 인정하되 좋지 않은 부분은 가려주는 것이다. 하지만 비판 없이 진실된 피드백은 불가능하다. 그 비판은 건설적인 비판이어야 한다. 그렇지 않으면 비판은 상대에게 저항감을 주고 심지어 모욕의 느낌을 불러일으킬 것이다. 주로 부정적인 행동과 성격의 단점을 지적하는 비판은 득보다 실이 더 많고, 비판하는 사람의 공정성에 대한 의심만 불러일으킬 뿐이다.

### 공감으로 모든 사람을 포용하라

이 책에서 여러 번 강조했듯이, 타인과의 공감은 고도로 발달된 인간의 능력 중 하나다. 여기서 중요한 것은 선의와 연민으로 가득 찬 감정만이 아니라 중립적인 공감의 태도다. 가령 좋은 심리학자는 자살 충동을 가진 억압당하고 공격적인 사람뿐 아니라 예민하고 창의적이며 내적인 괴로움에 시달리는 사람과도 공감할 수 있어야 한다. 올바른 주파수를 찾아 공감과 연민을 포함한 감정적 공명을 상대에게 전달하는 것이 중요하다. 이는 오해와 아첨 혹은 지나친 감정이입과는 무관한 정서적 이해의 문제다.

> 다른 사람의 입장에서 바라볼 수 있는 사람만이 존중을
> 받을 자격이 있다.

존중과 공감은 우리가 타인의 좋은 점과 나쁜 점 모두를, 그들의 가치와 경험을 바탕으로 이해하려 할 때 진정성을 갖는다. 인간은 결코 처음부터 정신 착란적인 존재이거나 비정상적이고 범죄 성향을 가진 존재가 아니라, 타고난 심신 장애로 인해 고통받는 경우가 많다. 병적인 성격이나 범죄적 성향은 타고난 것이 아니며 그저 개인적인 성향이 우리와 다를 뿐이다. 이는 치료실과 법정 밖에서도 고려해야 할 사항이다.

## 개선을 위한 비판하기

그렇다면 누군가를 비판할 때 어떻게 하는 것이 좋을까? 일반적으로 부정적인 뉘앙스를 가진 비판이 상대에게 존중받고 가치 있는 비판으로 여겨지려면 어떻게 해야 할까? 우리의 피드백은 격려와 긍정적인 동기부여로 작용할 수 있을까? 다시 말해, 비판은 어떻게 존중의 표현이 될 수 있을까?

누군가를 비판할 때 항상 개선의 가능성을 먼저 언급한다면, 이는 비판받는 상대에 대한 선의의 관심과 배려를 표현하는 것이다. 이러한 태도는 비판자가 상대를 진지하게 대하고 있으며 상대

의 행동이나 태도 혹은 실력을 나아지게 하는 데 도움을 주고 싶다는 의사를 드러낸다. 그 비판이 개선을 위한 것이라면 결코 나쁜 것이 아니다. 또 가능하다면 부족한 행동이나 성공적이지 못한 과제에 대해서도 이해의 태도를 보여주면 더욱 좋다. 대개 여러분이 비판하는 상대는 의식적으로 '잘못'을 저지른 경우가 아니며, 이에 대해 반성하고 있을 가능성이 많다. 그러므로 비판의 방식과 그 뒤에 숨은 의도가 매우 중요하다. 존중에 바탕을 둔 비판은 상대가 모욕으로 받아들이지 않고 오히려 긍정적인 동기부여를 할 수 있게 한다. 장점과 단점, 좋은 점과 나쁜 점을 모두 고려하여 한 인간을 총체적으로 살펴보고 판단하는 비판이야말로 그 객관성을 인정받을 수 있다.

상대와 비판이 포함된 대화를 할 때는 특히 '발신자'의 메시지가 '수신자'에게 어떻게 도달하고 인식되는지가 중요하다. 잊지 말아야 할 것은 한 사람이 비판을 받았을 때 그것을 어떤 감정으로 받아들이는지 살펴야 한다. 비판자가 긍정적인 태도를 보인다면, 그 피드백은 선의를 담은 존중의 표현으로 받아들여질 것이다.

> 비판이 존중으로 받아들여지기 위해서는 무엇보다 그 비판이 긍정적이어야 한다. 즉, 장점을 강조하되, 약점을 과장해서는 안 되며 개선 사항에 대한 제안으로 만족해야 한다.

하지만 상대방이 매우 예민한 데다 주변의 피드백과 반응에 대해 매번 부정적인 태도를 보인다면 아무리 선의가 담긴 조언을 한다고 하더라도, 상처가 되는 비판으로 받아들이기 쉽다. 따라서 비판을 그저 모욕으로만 받아들이지 않으려고 하는 비판받는 자의 감수성도 중요하다. 이런 감수성은 사람마다 그 정도가 다르지만, 이는 파괴적인 비판만큼이나 존중에 바탕을 둔 의사소통에 방해가 된다.

### 비판적 역량

비판적 역량은 학문적으로 두 가지로 나눌 수 있다. 능동적인 비판 능력은 건설적인 방식으로 비판하는 기술을 의미하고, 수동적인 비판 능력은 비판하는 대상을 건설적으로 대하는 기술을 의미한다. 하지만 대체로 우리는 비판의 한쪽 당사자만이 아니므로 위의 두 가지 능력을 모두 포함한 비판 역량이 필요하다. 이것은 무엇보다도 우리의 공감력에 달려 있다. 비판을 존중의 표현으로 받아들이려면 비판하는 사람이나 비판받는 사람 모두 높은 수준의 비판 역량을 갖추어야 한다. 이는 존중의 태도로 비판을 하고, 역으로 존중의 태도로 그 비판에 반응하는 능력을 말한다.

## 적절한 자기비판

건설적인 비판이 존중의 표현일 수 있다는 말은 자기비판에도 적용될 수 있다. 긍정적인 자기비판은 자존감과 자신감을 강화시킬 수 있다. 자신에 대한 비판적 숙고는 한 개인의 성숙도와 통제력을 보여줄 뿐만 아니라 자신의 판단을 신뢰할 수 있게 한다. 자기 비판적 성향의 사람은 자신의 성격을 분석하여 자신의 행동을 스스로 바로잡는다. 이를 타인의 분석에 의존하지 않는다는 것이다. 하지만 합리적인 자기비판이 이루어지려면 다른 사람의 관점을 고려하고 외부의 관점을 진지하게 받아들일 수도 있어야 한다.

하지만 자신을 거의 피학적으로 평가 절하하는 사람은 '자기비판 중독'에 빠질 위험이 있다. 이러한 과도한 열등감은 어떤 경우 심신 장애와 관련이 있으며, 체념이나 우울증, 자살로 이어질 위험도 따른다. 그러므로 자기비판에는 어느 정도 객관성이 필요하고 적절한 거리가 중요하다.

## 존중을 요구하라

존중에 바탕을 둔 성공적인 의사소통에는 자신에 대한 존중도 포함이 된다. 관심과 인정과 존중, 이 기본적인 욕구를 충족하기가 점점 어려워지는 현대인의 삶에서 우리는 모두 존중받을 권리를 스스로 찾아야 한다. 이는 타인이 가하는 공격의 문제점을 지적하는 것에서 시작하여 자신의 욕구를 밝히고 자신의 성격과 특징을 명확하게 표현하는 것으로 완성된다. 존중은 정서적 따뜻함을 더해주고 고립과 외로움을 막아주기도 하지만, 더욱 중요한 것은 한 사람의 자존감을 강화시키는 데 있다. 스위스 작가 페터 켈러Peter F. Keller의 말은 여기에도 적용된다. "평가를 낮추고 존중을 높이는 것은 모든 사람의 가치를 높여준다."

# 내면의 평화,
# 평정심을 가져라

존중의 태도에 대해 설명하려면 평정심과의 관계를 고려하지 않을 수 없다. 진정한 존중은 어느 정도의 평정심이 필요한데, 이는 타인에게 존중을 표현하려면 자신의 인정 욕구를 어느 정도 내려놓아야 하기 때문이다. 마이스터 에크하르트는 오래전에 느긋함에 대해 이렇게 말했다. "느긋해지고 싶다면 우선 느긋하게 내려놓아야 한다."

성숙하고 평온한 성격의 사람일수록 다른 사람의 가치를 더잘 이해할 수 있다. 타인과의 끊임없는 경쟁에서 스스로 물러나 자족하며 우월함과 권력욕을 자제할 수 있는 사람만이 자신의 곁에 있는 타인을 허용할 수 있다. 아래는 평정심을 구성하는 가장 중요한 요소와 평정심이 가진 장점에 대한 것이다.

- 평정심은 존중과 상호보완적인 관계이지만 감정의 방향은 다르다. 존중이 밖으로 향하며 타인과 만남에서 필요한 부분이라면 평정심은 자기 강화와 자기 보호를 위한 요소에 가깝다. 두 가지 모두 인격 형성 과정에서 드러나는 삶과 세계에 대한 태도다.
- 평정심을 가진 사람은 스트레스를 객관적으로 분석할 수 있으며, 어려운 상황에 직면해도 거리를 둘 줄 알고 걱정을 내

려놓을 줄 안다. 마음이 평온하므로, 갑자기 폭발하거나 들끓는 감정에 압도당하지 않고 무분별한 행동으로 내몰리지 않는다.

- 평정심은 당면한 문제와 걱정거리를 무시하는 것을 의미하지 않는다. 하지만 느긋한 사람은 이에 접근하는 방식이 다르며 좀 더 신중한 태도를 보인다. 순간적인 기분과 욕구에 복종하지 않고, 분노의 폭풍에 휩쓸리지 않으며, 분노로 인한 맹목적인 행동을 저지르지도 않는다. 어떤 열정도 느긋한 사람의 평정심을 앗아갈 수 없으며, 어떤 모욕도 그 사람을 병들게 하지 못하고, 어떤 슬픔도 그 사람을 짓밟을 수 없다.

- 평정심은 흥미와 헌신의 부족과는 아무런 상관이 없으며, 단지 폭풍우 치는 파도 속에서도 평정심을 유지하는 태도를 말한다. 왜냐하면 편안한 자세에서는 감정에 흔들리지 않고 정확하게 문제를 바라볼 수 있기 때문이다. 그래야만 상황이 힘들더라도 사려 깊은 대처를 할 수 있게 된다.

- 느긋한 성격은 경험 많고 자신감이 있어 보이며, 신중함과 침착함을 발산하여 사람들에게 안정감을 준다. 또 느긋한 사람은 경쟁이나 지배욕 혹은 탐욕으로부터 거리를 잘 유지하기 때문에 자유로울 수 있다.

평정심은 폭풍우가 몰아치는 상황에서도 냉정함을 지키고

내면의 안정을 유지한다. 끓어오르는 감정의 불길 위에서도 침착하게 서서 당당한 태도를 취한다면 좀 더 분명한 상황 분석과 날카로운 사고가 가능해질 것이다. 물론 그렇다고 해서 어려운 상황에서 무조건 긴장을 풀어야 한다는 것은 아니다.

평정심이 인간의 감정과 행동에 얼마나 중요한 역할을 하는지는 심리학, 심리치료, 철학, 종교에서 차지하는 비중에서도 볼 수 있다. 다양한 정신치료 학설에서 단 하나의 공통점을 찾는다면, 바로 그것은 환자들에게 느긋함을 요구한다는 점이다. 이뿐만 아니라 상담과 치료를 하는 데 있어서 치료사의 평정심은 엄청난 이점이 된다. 환자는 불안해하지 않고 당황하지 않는 치료사 앞에서 자신의 불안과 잘못을 공유할 가능성이 더 높다.

종교에서 흔히 미덕이라고 여기는 절제와 마음챙김, 온화함 등도 평정심과 크게 다르지 않다. 이러한 내면의 태도는 삶의 어려움에 잘 대처하고 위기를 쉽게 극복할 수 있는 인간의 능력 중 하나로 여겨진다. 여러분이 가톨릭 신자가 아니더라도 자애로운 평온함의 화신으로 여겨지는 교황 요한 23세의 예를 들어보자. 교황 선거 직후에 그가 한 연설은 겸손과 평온함 그리고 유머 감각이 모두 버무려진 것이었다. "이제 나는 흠 잡을 데 없는 인물이 되었지만, 그걸 이용하지는 않을 것입니다!" 그가 만든 '평정의 십계명'은 이에 대한 안내서다.[23]

교황 요한 23세가 만든 '평정의 십계명'은 완전하게 '지금 여기'에 초점을 맞추고 있으며 마음챙김과 치유에 관한 책이다.

요약하자면, 존중의 태도를 위해 평정심이 반드시 필요한 것은 아니지만 적어도 이를 지원하고 보완한다고 할 수 있다. 평정심을 가진 사람은 객관적으로 문제를 판단하여 자신의 감정과 적절히 거리를 둘 줄 안다. 따라서 공격과 모욕을 받더라도 두려워하거나 감정이 격앙으로 치닫지 않는다. 이 같은 힘은 그에게 안정감을 주고 자존감을 높여주며 다른 이들을 존중의 태도로 대하도록 만들어준다.

## 존중은 기본
## 인권이다

인간의 존엄성은 무엇보다도 사람을 중심에 놓는 개념으로 '인간이라는 이유만으로 그 존재 가치가 있으며, 그 인격은 존중받아야 한다'로 정의할 수 있다. 원래 존엄성이란 '내면적 명예'를 의미했다. 또한 존엄성은 도덕적인 권위자나 고위 관료들이나 권력자들에게 부여된 것이기도 했고, 현대적 개념으로는 동물이나 자연에게 부여되는 것이기도 하다.

가치를 의미하는 고대 고지 독일어인 '비르디wirdi'를 어원으로 하는 존엄성Würde의 개념은 가치와 존중의 개념과 매우 유사하다. 일반적인 쓰임새로는 기념식이나 의식과 같은 중요한 제도와 관련되기도 하고 명성이나 명예와도 관련이 있다.

프리드리히 실러Friedrich Schiller의 존엄성에 대한 묘사도 가장 자주 인용되는 문구 중 하나다. 1793년에 발표한 〈은혜와 존엄에 관하여Über Anmut und Würde〉라는 논문에서 그는 이렇게 말했다. "도덕적 힘에 의한 본능의 통제는 정신에 자유를 부여하며, 존엄은 그것의 외형적 표현을 의미한다. 존엄성은 다양한 수준으로 나뉘는데, 우아함과 아름다움에 접근하는 곳에서는 고귀해지고 비옥한 사람들과 접하는 곳에서는 숭고해진다. 가장 높은 은혜는 황홀경이며, 가장 높은 위엄은 장엄함이다."

기독교에서 존엄성은 구약성서에서 하나님의 피조물로서 모든 인간에게 부여된 하나님의 형상이라고 기술된 것에서 유래한다. 철학에서 존엄성이란 인간 고유의 본질과 본성, 자기 결정과 자율성, 물질적 역경을 극복하는 능력, 좋은 삶을 영위하는 능력으로 볼 수 있다. 존엄성은 궁극적으로 행복한 삶을 위해 필요한 조건이다.

정신분석학에서는 정신분석학자 레옹 뷔름저Léon Wurmser가 존엄성이라는 주제를 다루면서 수치심이야말로 인간의 존엄성을 지키는 수호자라고 지적했다. 뇌 연구자 게랄트 휘터Gerald Hüther

는 연구를 통해 존엄성이란, 윤리 철학적 구조가 아니라 매우 복잡한 세계의 다양한 요구 속에서 우리 인간이 길을 찾을 수 있게 해주는 고정된 신경 생물학적 나침반이라는 사실을 증명했다. 인간은 자신의 존엄성을 깨달음으로써 유혹 속에서 길을 잃지 않게 되는 것이다.

존중의 맥락에서도 인간의 존엄성은 가장 중요한 요소다. 현대적 관점에 따르면, 존엄성은 한편으로는 출신, 성별, 나이, 지위에 관계없이 모든 사람에게 동일하게 부여되는 가치이며, 다른 한편으로는 인간이 자신을 다른 모든 생물이나 사물보다 우위에 놓는 가치이기도 하다. 이는 오로지 인간성이라는 자격으로만 얻을 수 있는 가치와 존중의 권리를 의미하며 모든 인권의 총합을 의미한다. 존엄성은 또한 인간은 '창조의 면류관Krone der Schöpfung'이라는 종교적 전통과 철학적 관념에 뿌리를 두고 있으며 인간의 기본권에 뿌리내리고 있다.

계몽주의 이후 존엄성은 도덕적 가치, 인간 고유의 특성 그리고 긍정적인 행동을 위해 필요한 권한으로 여겨졌다.

1948년 12월 10일, 유엔 인권 헌장으로도 알려진 세계인권선언에서는 성별과 피부색, 종교나 언어, 정치적 신념, 사회 및 출신 국가와 관계없이 모든 인간에게 적용되는 양도할 수 없는 권리를 선언한다. 모든 인간은 태어날 때부터 자유로우며 그 존엄과 권리에 있어 동등하다. 인간은 천부적으로 이성과 양심을 부여받았으며 서로 존중하는 태도로 대하여야 한다(제1조). 모든 사람은 생명과 신체의 자유와 안전에 대한 권리를 가진다(제3조). 여기에 언급된 100개 이상의 권리 중 많은 부분이 생존권과 차별 금지, 표현의 자유와 노동과 휴식의 권리, 음식과 옷, 주거에 대한 권리 등을 존중하는 것과 관련이 있다.

존중은 이러한 기본적인 인권에 기초해야 한다. 하지만 현실은 다르다. 오죽했으면 2015년 위글라프 드로스테Wiglaf Droste가 쓴 베스트셀러 제목이 『인간의 존엄성은 가정법Die Würde des Menschen ist ein Konjunktiv』이었겠는가. 하지만 변화는 가능하다. 그러니 여러분도 자신과 주변 사람들에게서 존중의 기적을 경험해 보길 바란다.

주

1    Lena Funk, "Empathie", in *Psychologie der Werte*, ed. Dieter
     Frey(Jumpers, 2016), pp. 53~54.

2    Sara H. Konrath, et al., "Changes in Dispositional Empathy in American
     College Students Over Time: A Meta-Analysis." in *Personality and
     Social Psychology Review* 15(2), PP. 180~198.

3    Deutsches Institut für Vertrauen und Sicherheit im Internet(DIVSI),
     DIVSI U25 Studie—Euphorie war gestern. Die 'Generation Internet'
     zwischen Glück und Abhängigkeit(2018). www.divsi.de

4    Christian Maggiori, Interview in 《La Liberté》(December 28, 2018).

5    Shalom H. Schwartz, et al., "Refining the Theory of Basic Individual
     Values." in *Journal of Personality and Social Psychology* 103 (4), pp.
     663~688.

6    Myriam Mongrain, "Are positive psychology exercises helpful for
     people with depressive personality styles?" in *The Journal of Positive
     Psychology* 6(4), pp. 260~272.

7    www. selbstwert-manual-scholz.com

8    www.respectresearchgroup.org

9    Ann-Kristin Achleitner, "Kontrolleist gut, Vertrauen besser." in
     *Handelsblatt* 236, pp. 58~89.

10    Elisa Neuvonen, et al., "Late-life cynical distrust, risk of incident dementia and mortality in a population-based cohort." in *Neurology* 82 (24), pp. 2205~2212.

11    Olga Stavrova, Daniel Ehlebracht, "Cynical beliefs about human nature and income: Longitudinal and cross-cultural analyses." in *Journal of Personality and Social Psychology* 110 (1), pp. 116~132.

12    Johannes Siegrist, *Arbeitswelt und stressbedingte Erkrankungen: Forschungsevidenz und präventive Maßnahmen* (Urban&Fischer, 2015).

13    Isabell Welpe, et al., "Pay Professors for Performance" Technische Universität München. Präsentation auf der Abschlusstagung der TUM am 14.01./15.01.2015.

14    Nicky Hoogveld, Nick Zubanov, "The power of (no) recognition: Experimental evidence from the university classroom." in *Journal of Behavioral and Experimental Economics* 67, pp. 75~84.

15    Carol S. Dweck, *Mindset: How you can fulfill your potential* (Constable & Robinson Limited, 2012).

16    Eddie Brummelman, et al., "'That's not just beautiful—that's incredibly beautiful!': The adverse impact of inflated praise on children with low self-esteem." in *Psychological Science* 25 (3), pp. 728~735.

17    Wendy Mogel, *The Blessing of a B Minus: Using Jewish Teachings to Raise Resilient Teenagers* (Scribner, 2011).

18    Claudia Wille, "Wege aus der Beziehungskrise." in *Medizin populär* 3(2014), pp 7~12.

19    D. Lohaus, C. Rietz, S. Haase, "Talente sind wählerisch—was Arbeitgeber attraktiv macht." in *Wirtschaftspsychologie aktuell* 20(3), pp. 12~15.

20    www.gallup.com, Engagement Index Deutschland(2014), Präsentation zu Engagement-Index und Meta-Analyse 2012.

21    Barbara Fredrickson, Marcial Losada, "Positive Affect and the Complex Dynamics of Human Flourishing." in *American Psychologist* 60(7), pp.

678~686.

22    Kraftwerk Anerkennung OG: Umfrage Anerkennungskultur in unserer
      Wirtschaft. Ergebnisse 2013.
      https://karrierebibel.de/wp-content/.../KW-A_Ergebnisse_Umfrage_
      Anerkennung.pdf

23    www.gluecksarchiv.de/inhalt/lebensregeln_johannes23.htm

# 더 찾아볼 책들

Joachim Bauer, *Warum ich fühle, was du fühlst. Intuitive Kommunikation und das Geheimnis der Spiegelneurone.* Heyne

René Borbonus, *Respekt! Wie Sie Ansehen bei Freund und Feind gewinnen.* Econ

Ingrid Brodnig, *Lügen im Netz. Wie Fake News, Populisten und unkontrollierte Technik uns manipulieren.* Brandstätter

Nina Buchheld, *Achtsamkeit in Vipassana — Meditation und Psychotherapie.* Peter Lang

Marcus Buckingham, Curt Coffmann, *Erfolgreiche Führung gegen alle Regeln. Wie Sie wertvolle Mitarbeiter gewinnen, halten und fördern.* Campus

Luc Ciompi, Elke Endert, *Gefühle machen Geschichte. Die Wirkung kollektiver Emotionen — von Hitler bis Obama.* Vandenhoeck & Ruprecht

Christoph Demmerling, *Hilge Landweer, Philosophie der Gefühle — Von Achtung bis Zorn.* J.B. Metzler

Wiglaf Droste, *Die Würde des Msenschen ist ein Konjunktiv.* Goldmann

Helmut Ebert, Sven Pastoors, *Respekt. Wie wir durch Empathie und wertschätzende Kommunikation im Leben gewinnen.* Springer

Volker Faust, *Psychiatrie heute.* http://www.psychosoziale-gesundheit.net/

Ute Frevert, *Die Politik der Demütigung. Schauplätze von Macht und Ohnmacht.* S Fisher

Dieter Frey, ed., *Psychologie der Werte. Von Achtsamkeit bis Zivilcourage— Basiswissen aus Psychologie und Philosophie.* Springer

John M. Gottman, *Die 7 Geheimnisse der glücklichen Ehe.* Ullstein

Reinhard Haller, *Die Macht der Kränkung.* Ecowin

Rinehard: Haller, *The narcissism trap. Guide to Human and self-knowledge.* Ecowin

Hartwig Hansen, *Respekt—Der Schlüssel zur Partnerschaft.* KlettCotta.

Gerald Hüther, *Würde. Was uns stark macht—als Einzelne und als Gesellschaft.* Albert Knaus

Mira Kirshenbaum, *Ich will bleiben. Aber wie? Neuanfang für Paare.* fisher

Avishai Margalit, *Politik der Würde. Über Achtung und Verachtung.* Suhrkamp

Nyanaponika Mahathera, *Im Lichte des Dhamma. Christiani.* Christiani

Uwe Henrik Peters, *Lexikon Psychiatrie, Psychotherapie, Medizinische Psychologie,* Urban & Fischer

Steven Reiss, *Das Reiss Profile. Die 16 Lebensmotive. Welche Werte und Bedürfnisse unserem Verhalten zugrunde liegen.* Gabal

Thomas Schwartz, *Durch Wertschätzung zur Wertschöpfung. Wirtschaftsethische Überlegungen zur Mitarbeiterführung.* Lecture on www.agv-vers.de/uploads/tx_seminars

Richard Sennett, *Respekt im Zeitalter der Ungleichheit.* Berlin Verlag.

Andreas Urs Sommer, *Werte. Warum man sie braucht, obwohl es sie nicht gibt.* J.B. Metzler

Bärbel Wardetzki, *Kränkung am Arbeitsplatz. Strategiengegen Missachtung, Gerede und Mobbing.* Deutscher Taschenbuch Verlag

Markus F. Weidner and Hannelore, *Anerkennung und Wertschätzung.Futter für die Seele und Treibstoff für Erfolg.* Gabal

Markus Antonius Wirtz, ed., *Dorsch.* Lexikon der Psychologie. Hogrefe

Léon Wurmser, *Die Maske der Scham. Die Psychoanalyse von Schamaffekten und Schamkonflikten.* Klotz

Barbara Berckhan, *Wahre Stärke muss nicht kämpfen.* GU

Jan Eßwein, Jan, *Achtsamkeitstraining.* GU

Matthias Hammer, *Der Feind in meinem Kopf und Liebe das Kind in dir.* GU

Monika Matschnig, *Körpersprache.* GU

Christiane Schlueter, *Kraftquellen für den Alltag.* GU

옮긴이 이덕임

동아대학교 철학과와 인도 푸네 대학교 인도철학대학원을 졸업했다. 현재 바른 번역 소속 번역가로 일하고 있다. 옮긴 책으로『행복한 나를 만나러 가는 길』,『선생님이 작아졌어요』,『비만의 역설』,『구글의 미래』,『시간의 탄생』,『내 감정이 버거운 나에게』,『어렵지만 가벼운 음악 이야기』,『엘리트 제국의 몰락』,『안 아프게 백년을 사는 생체리듬의 비밀』,『불안사회』,『세상의 모든 시간』,『늦게라도 시작하는 게 훨씬 낫지』 등이 있다.

우리에겐 존중이 필요해

초판 1쇄 발행 2023년 1월 11일

지은이 | 라인하르트 할러
옮긴이 | 이덕임

발행인 | 이정훈                 본부장 | 황종운
콘텐츠개발총괄 | 김남연     편집 | 박성근
마케팅 | 최준혁                 디자인 | 이경진

브랜드 | 온워드
주소 | 서울 마포구 월드컵로13길 19-14, 101호

발행처 | ㈜웅진북센
출판신고 | 2019년 9월 4일 제406-2019-000097호
문의전화 | 02-332-3391
팩스 | 02-332-3392

한국어판 출판권 ⓒ웅진북센, 2023
ISBN 979-11-6937-790-4 13190

온워드는 ㈜웅진북센의 단행본 브랜드입니다.
잘못된 책은 구입하신 곳에서 바꾸어 드립니다.